/ 100 位

为新中国成立作出突出贡献的英雄模范人物/

聂耳

王 术/编著

吉林文史出版社

图书在版编目（CIP）数据

聂耳 / 王术编著. -- 长春 : 吉林文史出版社,
2011.4（2022.4重印）
（100位为新中国成立作出突出贡献的英雄模范人物）
ISBN 978-7-5472-0581-5

Ⅰ．①聂… Ⅱ．①王… Ⅲ．①聂耳（1912～1935）—
生平事迹 Ⅳ．①K825.76

中国版本图书馆CIP数据核字(2011)第051224号

聂　耳

NIEER

编著/ 王术

选题策划/ 王尔立　责任编辑/ 王尔立

装帧设计/ 韩璘

出版发行/ 吉林文史出版社

地址/ 长春市福祉大路5788号　邮编/ 130118

电话/ 0431-81629363　传真/ 0431-86037589

印刷/ 天津海德伟业印务有限公司

版次/ 2011年4月第1版 2022年4月第6次印刷

开本/ 640mm×920mm　1/16

印张/ 9　字数/ 100千

书号/ ISBN 978-7-5472-0581-5

定价/ 29.80元

100位

为新中国成立作出突出贡献的英雄模范人物

八女投江	于化虎	小叶丹	马本斋	马立训	方志敏
毛泽民	毛泽覃	王尔琢	王尽美	王克勤	王若飞
邓 萍	邓中夏	邓恩铭	韦拔群	冯 平	卢德铭
叶 挺	叶成焕	左 权	诺尔曼·白求恩		任常伦
关向应	刘老庄连	刘伯坚	刘志丹	刘胡兰	吉鸿昌
向警予	寻淮洲	戎冠秀	朱 瑞	江上青	江竹筠
许继慎	阮啸仙	何叔衡	佟麟阁	吴运铎	吴焕先
张太雷	张自忠	张学良	张思德	旷继勋	李 白
李 林	李大钊	李公朴	李兆麟	李硕勋	杨 殷
杨子荣	杨开慧	杨虎城	杨靖宇	杨闇公	萧楚女
苏兆征	邹韬奋	陈延年	陈树湘	陈嘉庚	陈潭秋
冼星海	周文雍、陈铁军夫妇		周逸群	明德英	林祥谦
罗亦农	罗忠毅	罗炳辉	郑律成	恽代英	段德昌
贺 英	赵一曼	赵世炎	赵尚志	赵博生	赵登禹
闻一多	埃德加·斯诺	夏明翰	格里戈里·库里申科		
狼牙山五壮士		聂 耳	郭俊卿	钱壮飞	黄公略
彭 湃	彭雪枫	董存瑞	董振堂	谢子长	鲁 迅
蔡和森	戴安澜	瞿秋白			

前 言

每个人的心中都多少有一点英雄情结，都向往英雄、景仰英雄。也正因此，在中华人民共和国建国六十周年之际，由中央十一部委联合组织开展的"100位为新中国成立作出突出贡献的英雄模范人物和100位新中国成立以来感动中国人物"的评选活动中，群众参与投票总数近一亿。这其中的每一张选票，都表达了人们对英雄模范的崇敬之情，寄托着对伟大祖国的美好祝福。

一个民族不能没有英雄，否则这个民族就不会强大。当国家危难之时，懦弱者选择了逃避、妥协甚至投降，英雄们却挺身而出，用热血捍卫民族的尊严，人民的幸福。在创立和建设新中国的伟大历程中，涌现出无数可歌可泣的英雄模范人物。他们之中，有为了民族独立和人民解放而英勇牺牲的革命先烈，有为了党和人民的事业而不懈奋斗的优秀共产党员，有在全民族抗战中顽强奋战、为国捐躯的爱国将士，有英勇杀敌的战斗英雄和革命群众，有积极从事进步活动的著名民主爱国人士和国际友人……他们是民族的脊梁、祖国的骄傲，是激励全体人民团结奋斗的精神力量。

《100位为新中国成立作出突出贡献的英雄模范人物传记》丛书，就像一部星光璀璨的英雄谱，真实、完整地记录了英雄模范人物不平凡的一生，再现了他们非凡的人格魅力和精神世界。"头颅可断腹可剖"的铁血将军杨靖宇，"毫不利己，专门利人"的白求恩，"抗战军人之魂"张自忠，"砍头不要紧"的夏明翰，"俯首甘为孺子牛"的文化斗士鲁迅……一串串闪光的名字，一个个动人的故事，犹如群星闪烁，光耀中华。

如今，战火已熄，硝烟已散，英雄已逝，我们沐浴在和平的幸福之中。在和平年代，人们不会忘记为今日的和平浴血奋战的英雄们，英雄的故事永远不会结束。让我们用英雄的故事唤醒我们心中的激情，为中华民族的伟大复兴而奋斗。

生平简介

聂耳（1912–1935）男，汉族，云南省玉溪县人，中共党员。

聂耳 1928 年加入中国共产主义青年团。1930 年到上海，参加反帝大同盟，并积极投身中国共产党领导下的革命文艺活动。1933 年初加入中国共产党。在此后的两年中，聂耳为歌剧、话剧和电影谱写了《新女性》、《开路先锋》、《大路歌》、《前进歌》、《毕业歌》等主题歌，在全国广为传唱，对激发民众抗日救亡运动起了积极作用。他所编写的《金蛇狂舞》、《翠湖春晓》等乐曲，深受人们喜爱。1935 年，聂耳为电影《风云儿女》的主题歌《义勇军进行曲》谱曲，反映了在民族危亡之时，中华民族万众一心、团结御侮、奋勇抗争、一往无前的伟大的爱国主义精神，激发了中国人民与日本侵略者血战到底的英勇气概。这首作品一经诞生，立即在祖国大地上到处传唱，奏响了挽救民族危机的时代最强音。聂耳的音乐创作引起了反动当局的恐慌和仇视。他按照党组织的决定离开上海，取道日本去苏联。1935 年 7 月，聂耳在日本不幸溺水身亡，年仅 23 岁。1949 年 9 月，中国人民政治协商会议第一届全体会议确定《义勇军进行曲》为代国歌。1982 年 12 月，中华人民共和国第五届全国人民代表大会第五次全体会议确定《义勇军进行曲》为中华人民共和国国歌。

1912-1935
[NIEER]

◀ 聂 耳

目 录 MULU

歌舞之乡 / 002

聂耳出生在云南的昆明，云南是闻名于世的歌舞之乡。母亲"以唱书教子"的独特形式，使幼年的聂耳不仅受到了传统美德的教育，也得到了艺术熏陶。而年幼丧父，使聂耳从小就懂得了生活的艰辛。

0-5岁

邱木匠的笛子 / 009

聂耳的母亲克服种种困难，让他进入了昆明县立师范附属小学读初小。聂耳也很珍惜这来之不易的上学机会，门门功课都成绩优异。在升入求实私立小学读高小期间，聂耳向邻居邱木匠学会了吹奏笛子，向小学音乐老师学会了拉二胡，还学会了三弦、月琴等乐器的演奏技巧，并担任学校乐团的指挥。聂耳在高小出色的表现，获得了学校颁发的"第一号褒状"。

6-13岁

柏希文的钢琴 / 017

聂耳插班考入了收费低廉的云南第一联合中学走读。这时的他对英语产生了浓厚的兴趣，白天完成当天的功课后，晚上还要到英语学会去补习英语。在英语学会，聂耳结识了恩师柏希文先生，学习钢琴弹奏和乐理知识，为日后的音乐创作打下了良好的基础。

13-15岁

"黑天使" / 067

聂耳以"黑天使"为笔名，发表了《中国歌舞短论》一文，文中批评了明月歌剧社创始人黎锦晖"为歌舞而歌舞"的错误主张，从而引起了轩然大波，聂耳毅然退出了明月歌剧社。

20岁

■北平漂泊（1932） / 077

北平三个月 / 078

聂耳在北平的生活只有短短的三个月。最初接受朋友的建议，考北平大学艺术学院，却未能如愿。聂耳转而向著名的俄国小提琴教师托诺夫学琴，一个月后，因无力继续交纳学费，只好找个借口退了学。

20岁

■上海影界（1932–1935） / 087

开创新兴音乐 / 088

聂耳进了联华影业公司，起初任场记，后又任音乐股主任，并为电影《母性之光》创作了他的第一首电影插曲《开矿歌》。

20-22岁

"我的音乐年" / 098

聂耳进入了东方百代唱片公司，担任了音乐部的副主任。为多部电影创作了主题歌和插曲，并担任了多部影片的全部配乐工作。 1934年的确是聂耳的音乐年，在这一年里，聂耳以突出的成绩赢得了电影界及社会上的声誉。

22岁

《义勇军进行曲》 / 106

聂耳回到联华影业公司，担任音乐部主任，负责二厂音乐方面的工作。聂耳先后为影片《新女性》《逃亡》和三幕话剧《回春之曲》创作了主题歌曲和插曲。他为影片《风云儿女》创作的主题歌《义勇军进行曲》，很快地唱遍了中国。

23岁

匆匆却永恒的年轻音乐家(代序)

在素有"彩云之南"之称的云南省，其省会昆明市的西山，背依青山，面临滇池，有一座月琴状的墓园。墓园前是二十四级台阶，其间设有七个花坛。拾级而上，墓前矗立着一尊汉白玉雕像，这是一位潇洒英俊的年轻人。只见他身披风衣，低首沉思，左手打着节拍。墓穴恰好建在月琴状墓地的发音孔上，其后竖立着由二十四块大墨石组成的钢琴状的墓碑，碑上刻着九个金灿灿的碑文：人民音乐家聂耳之墓。

这片绿荫环绕着的肃寂的墓园，就是国歌曲作者聂耳的长眠之处。二十四级台阶或二十四块墨石，代表着他的年龄（虚岁）；七个花坛，象征着七个音阶。

这位音乐天才的一生匆匆而短暂。18岁从故乡昆明避难到上海，在20世纪30年代的大上海，他做过店员，流浪过街头，当过小提琴手，当过演员。有苦闷，有彷徨，还曾在北平漂泊三个月，直至日本腾泽市的鹄沼海滨的终焉之地。而他的创作生涯更为短暂，只有逝世前的两年多。

而就在这短短的两年，他创作了四十二首音乐作品，其中歌曲三十五首，民族器乐合奏曲四首，口琴曲两首，歌舞曲一首。他没有在专业的音乐学院学习过，即使在他创作的高峰期间，也还在不断地自学，还在制定着学习计划。他为了躲避反动当局的追捕而离开上海，目的还是想转道日本去苏联学习音乐。

毫无疑问，音乐是聂耳一生的挚爱。少年时他就极具音乐天赋，上学前就学会了吹笛子、拉二胡、弹三弦。上小学时聂耳又向法籍音乐教师柏希文求教，从他那里欣赏到了舒曼、德彪西、莫扎特、贝多芬等世界音乐大师的名曲，学到了很多音乐常识。还在省立师范就读期间，他就为省立附小谱写了校歌。那时候，在昆明美丽的翠湖、壮观的大观楼、睡美人仰卧的西山，人们常常能听到聂耳练习演奏的美妙琴声。如今，这里也成了聂耳长眠之所。

然而，在民族危难之际，再美妙的琴声又有什么用呢? 在 1932 年上海一·二八事变爆发后，在隆隆的炮声中，聂耳在 2 月 7 日的日记中痛苦地写道：

一天花几个钟头苦练基本练习，几年、几十年后成为一个 violinist(小提琴演奏家) 又怎样? 你演奏一曲贝多芬的 Sonata(奏鸣曲) 能够兴奋起、可以鼓动起劳苦群众的情绪吗?

这位年轻的音乐创作天才，在民族危难之际，把音乐当做了武器，把音乐变成了埋在花丛中的大炮。他在 1933 年 6 月 3 日的日记中写道：

"什么是中国的新兴音乐?" 这是目前从事音乐运动者，首先要提出解决的问题。我们知道音乐和其他艺术、诗、小说、戏剧一样，它是代替着大众在呐喊。

自从 1935 年 5 月 24 日,《风云儿女》在上海首映后，田汉作词、聂耳作曲的《义勇军进行曲》，很快就传遍了长城内外、大江南北，成为鼓舞中华儿女抗日救亡的战斗号角，并流传海外。

沉睡的东方雄师发出了怒吼。年轻的聂耳用他的乐符、激情和心血，发出了悲壮的不屈之声，发出了反抗者的旷世强音。

聂耳匆匆地去了，他谱写的中华民族的最强音，仍在世代传唱。

滇中乡曲

(1912—1930)

→ 歌舞之乡

★★★★★

（0—5岁）

云南是闻名于世的"歌舞之乡"，有26个民族世代居住于此，各民族都有属于自己的独特表达方式。在各族人民的生活中，民间歌唱活动占有特别重要的地位，几乎渗透到生活中的各个领域。他们以歌唱倾诉男女间的相互爱慕，以歌唱表示对死者的哀悼、对婚配的祝福，以歌唱抒发丰收的喜悦和节日的欢乐……尤其是那些没有文字的民族，就往往靠那些知识广博、阅历丰富的老歌手，以长篇的叙事性歌曲，向本民族群众和青少年传授历史知识、生产知识、生活知识和礼仪知识。在许多民族中，小孩还在牙牙学语的时候，就跟着大人学唱歌了。而一个出色的民歌手也就常常在本民族中得到人们的特别尊敬。有关资料记载，云南收录在册的民

▷ 1912年2月15日，聂耳出生于昆明南城甬道街72号他父亲经营的"成春堂"药铺的楼上

歌有两万多首，舞蹈七千余套，戏剧两千多个，器乐二百多种。

极具音乐天赋的聂耳就出生在这片歌舞之乡，并在此生活了十八年。

1912年2月15日（农历十二月二十八日），云南省城昆明将迎来一个崭新的春节。在南城甬道街72号的一所临街的陈旧铺房里，一个男婴出生了，父亲给孩子取了个乳名叫"嘉祥"（上学后学名守信），字子义。这个春节前出生的孩子，就是聂耳（"聂耳"是到上海后改用的名字）。父亲希望孩子能一生平安，守信重义。因为就在几个月前，这里曾发生过激烈的战斗：以蔡锷为起义军临时总司令的革命党人，在辛亥年的重阳节（1911年10月30日），推翻了清王朝在云南二百五十多年的专制统治，建立了云南军政府。

聂耳的父亲聂鸿仪，字冀廷，祖籍云南玉溪，原住州城北门街3号。聂家是玉溪的书香门第，聂鸿仪是州前乡的廪生，还是当地小有名气的中医。聂鸿仪娶妻王氏，生有一男一女。王氏死后，又娶傣家女彭寂宽为妻，生有三男一女，聂耳为幼子。1902年，聂鸿仪举家迁到昆明，在甬道街租住了间临街的铺面，开设了成春堂药店。甬道街的铺面原属云贵总督衙门的公产，云南光复后，新的军政府提高了所有出租公房的租金，聂鸿仪只好搬家。在聂耳出生后不久，全家又搬到了地处藩台衙门闹市区的一座前铺后院的平房，这是死过人的"凶宅"，但租金很便宜。因地处当时昆明城的市中心，求医治病的人越来越多，家庭的经济状况得到了改善。

聂耳的外祖父彭寿山，是云南省元江县人，属玉溪的花腰傣，从小就随着赶马的人流浪四方。后来只身来到峨山县谋生，在姓陈的地主家放马。因他勤苦耐劳，为人老实，得到主人的赏识，就把一个名为"养女"，实质是"丫头"的姑娘，许配给他为妻。婚后不久，彭寿山就离开陈家另谋生计，生下聂耳的母亲彭寂宽。彭寂宽是最小的独生女儿，从小天资聪明，在娘家时虽未进过私塾读书，但常常利用空闲时间向读私塾的哥哥请教，认识了很多字，通过自学读完了《百家姓》《三字经》《增广贤文》等启蒙读物。彭寂宽从小就喜欢音乐，特别是玉溪的民间音乐、花灯和民歌。

大约在彭寂宽十六七岁的时候，彭寿山患病，被聂鸿仪治愈，就将女儿许配给了丧偶的聂鸿仪。彭寂宽嫁到聂家后，努力学习汉族文化和医学知识，很快就成为了聂鸿仪行医治病、开方配药的得力助手。

孩提时代的聂耳聪明伶俐，父亲聂鸿仪抽空便教他读书写字，他也学得很快。聂耳的三哥聂叙伦在《少年时代的聂耳》一书中回忆道：

聂耳3岁的时候，就能识字三百多个，到了4岁，就认识五百多个汉字了。母亲彭寂宽教他唱民歌小调，他学几遍就会唱。大人给他讲故事，听几遍就能讲出一个梗概来。因而父母经常夸奖他："老四将来有希望。"

聂耳的母亲教育孩子的方式很独特——"唱书教子"，把美德故事唱给孩子们听。她唱的大都是当时玉溪民间劝人为善的一种曲艺形式"唱书"（又名"善书"）的曲目（俗称"木刻大字唱本"）。唱书的形式自由，有说有唱，唱词可以是"随口调"，也可以唱花灯调、扬琴调、民间小曲、山歌，甚至滇戏腔调。一天辛勤劳作之后，晚上孩子们围坐在一起，母亲就给他们讲"善书"中的故事，如《安安送米》《孟姜女哭长城》《柳荫记》……讲到动情处，母亲就会用玉溪花灯的《走板调》《全十字》《扬琴调》等曲调，对照着唱本上的韵文吟唱起来。幼年的聂耳常常依偎在母亲的怀里，聚精会神地听着。故事中感人的情节，配上母亲深情的声调，常常让聂耳感动得流下眼泪来。

据聂耳的侄女聂丽华回忆，聂耳很小的时候就会用铅笔记谱，他常对母亲说："妈妈，你再给我们讲个故事，我要把你的故事编成歌。"在母亲的启发下，聂耳还真的用"多、来、米、法、梭"等字音编出乐谱来了。后来聂耳到了上海，在向友人谈起自己的音乐修养时说："至于音乐，虽然一直很喜欢，但是在这方面的训练很少，有限的一点儿音乐修养，不过是儿时母亲吟唱的玉溪一带的民谣……"可以看出，彭寂宽是聂耳艺术与人生中的第一位启蒙老师，自聂耳在襁褓时期开始，就给他的血液中注入了玉溪的民间音乐，并在日常生活中以唱的形式，进行传统美德教育。

聂耳从小就有艺术天分，模仿能力非常强。他常常学鸡叫、狗叫、鸟叫，还学来家中串门的亲友走路的姿态。老家玉溪的亲戚来他们家里后，他就仔细听他们说话的口音，等亲戚走后，他就用玉溪方言模仿着说。聂叙伦在《少年时代的聂耳》一书中回忆说，有一次，聂耳独自一人在屋里扭来扭去，聂叙伦问他在做什么，聂耳边扭边说："我在学刚才来我们家的那个女人走路。"惟妙惟肖的表演，把全家人逗得都笑出了眼泪。

聂家虽不富裕，但有父母的关爱，有哥哥姐姐的宠爱，幼年聂耳的生活是温馨快乐的。

这个温暖的家庭，在聂耳 4 岁时，经济上遭遇了困难。父亲聂鸿仪由于常年操劳过度，患上了肺结核病，身体日渐消瘦，最终卧床不起。家里的收入不但没有了，还要花很多钱治病，一治就是半年多。1916 年 7 月 11 日，这位救治过许多病人的中医，却无法救治自身，过早地离开了人世。他留给子女的遗物只是一架陈旧的八音钟、一些医药书籍和零星的中草药。父亲的过早去世，对整个家庭是个沉重的打击。当时，聂耳的大哥在外地工作，大姐已经出嫁，家里最大的二姐只有 12 岁，三个兄弟尚年幼，聂耳刚满 4 岁。全

△ 1917年聂耳（前右）与母亲、二姐、二姐夫及两个哥哥的合影

家五口人的生活重担，全落在了母亲一个人的肩上，生活的艰辛可想而知了。

这位坚强的母亲，并没有被生活的艰辛所压垮，她毅然地挑起了全家生活的重担。经过努力学习，她通过了官方的医师鉴定考试，成为昆明第一位取得正式开业执照的女中医。从此，她靠给人看病和制药、配药，独立支撑起全家的经济负担，承担起了对子女的养育和教育的全部责任。

穷人家的孩子早当家，聂耳的姐姐、哥哥总是尽己所能帮助母亲做事。聂耳也很懂得体贴母亲的辛苦，常常用稚嫩的小手为母亲捶背。母亲也从不放松对子女的教育，她制定了严格的家规，要求人人遵守。如每天要早睡早起，不许睡懒觉；要按规定的时间读书、写字；对人要和蔼，懂礼貌，要尊敬长辈；人穷志不穷，要有骨气、志气；不准抽烟、喝酒和赌博；不准拿别人东西，不能贪小便宜等等。晚上，一有空，母亲就教聂耳读书认字，并亲手用毛笔写了许多大字，让聂耳一个一个地认，一个一个地写。当聂耳 5 岁时，已经认识了一千多个汉字了。

→ 邱木匠的笛子

（6—13 岁）

一位木匠的笛声，开启了童年聂耳对音乐的美好向往。

1918 年，聂耳 6 岁了。每当他看到背着小书包上学的小学生，心中就羡慕不已。母亲为了能让孩子按时入学，克服了种种困难，甚至当掉了丈夫遗留下的孩子们最喜欢听的八音钟。亲友们也凑了学费，使聂耳进入了昆明县立师范附属小学读初小。聂耳也很珍惜这来之不易的上学机会，无论是国文、算术、修身，还是体育、手工、图画、音乐，门门功课都成绩优异。尤其是唱歌课，对他来说，具有一种与生俱来的独特兴趣。

三个孩子都在读书，母亲肩上的担子更加沉重了。更糟糕的是，原房东收回了他们在藩台衙门闹市区的租房，全家人搬到了偏

僻的菜场。由于铺面不临街，看病的人也少了，收入更加微薄。为了减轻家里的负担，聂耳兄弟三人提出了要退学的想法，坚强的母亲坚决不同意。

生活的重压，过度的操劳，这位刚强的母亲病倒了。1920年，聂耳初小快毕业的时候，母亲突然心腹绞痛，大便带血，一病不起，陷入昏迷状态。经多方诊治，仍不见好转，请来的医生都认为无法救治了。年幼的聂耳兄弟三人，围坐在母亲的病床前，悲痛欲绝。亲戚们也都赶来了，准备料理后事，并商量着如何分领抚养聂耳兄弟三人。一个温暖的家，正面临着生离死别的悲惨命运。

天无绝人之路，父亲聂鸿仪的生前好友郭老中医前来探望、诊治，他开出的药吃下去后，母亲彭寂宽竟奇迹般地苏醒了。经过一段时间的治疗，身体逐渐康复了。聂耳兄弟三人更是为母亲的病体转危为安而感到万分的庆幸，他们又拥有了温暖的家。

1922 年春，聂耳初小毕业了，以他的成绩本应该顺利升入本校的高小。而校方组织学生进行军事化训练，要求每名学生都要加入"童子军"，还要交纳定制"童子军"军服的费用。对于母亲刚刚大病初愈的聂家来说，根本无力支付这笔费用。没有别的办法，聂耳只好转到由昆明市热衷教育事业的苏鸿纲先生筹资创办的私立求实小学的高级部，继续学习。求实小学由于资金短缺，没有固定的校舍，是借用位于市中心的孔庙来上课。办学条件虽艰苦，但学风很正。聂耳也很珍惜能继续上学的机会，各方面都严格要求自己。在班上，他被同学们推选为班长。学校成立了学生自治会后，他又被推选为会长。

住在峨山县的聂耳的外公外婆，非常挂念病愈后的女儿，多次来信催她回家一趟。1922 年的暑期，母亲彭寂宽带着聂耳和他的二哥、三哥，一起回娘家探亲。这是聂耳第一次去外公外婆家，非常兴奋。先是走一百多里的水路，乘坐大木船，划行在烟波浩渺的"五百里滇池"上。而后经昆阳到玉溪的一百多里，多是崎岖不平的山路。旅途虽然劳累，但云南秀美的山水，令孩子们流连忘返。

滇中玉溪是一个多民族聚居的美丽家园，这里世代居住着彝、哈尼、傣、回、白、蒙古等多个民族，峨山（现为彝族自治县）是傣族、彝族的聚居地。聂耳虽然出生在昆明，但他的小学毕业证和高师（相当于高中）的毕业证上，填写的籍贯都是玉溪。这次随母亲到玉溪峨山探亲，这位音乐天才感受到了乡情的淳朴和民间音乐的丰富。玉溪的花灯、洞经、滇剧后来都成为了聂耳音乐创作的源泉。聂耳到上海后，曾多次写信给云南的亲友，请他们帮忙搜集云南的民间艺术资料寄给他。在 1933 年他给母亲的信中写道：

现在我想在中国的各地民间歌谣上下一番研究，请三哥将（帮）我收集一些寄来，不论什么小调、洞经调、山歌、滇剧牌子都要。千万急！

1933 年 3 月 7 日，他在日记中写道：

音乐上的修养：1. 经常地写谱；2. 尽可能地参加乐队演奏；3. 注意云南的音乐。

由此可见云南的民间音乐艺术，对聂耳的影响之大。

他们全家在峨山住了一个多星期就返回昆明了，这次故乡之行虽短暂，却给聂耳幼小的心灵中留下了深刻的印记。后来，聂耳也曾多次回过故乡，向民间艺人学习，甚至举办过演出。

全家人回到昆明后不久，房东收回了他们在菜市场的租住房，他们只好搬到了昆明市木器店比较集中的端仕街居住。在离他们租住房不远处，有一家小家具店，店主是四川人，姓邱。邱师傅不仅制作家具的手艺精湛，而且多才多艺，为人也和蔼可亲，大家都亲切地称他为"邱师"。邱师傅很喜欢吹笛子，优美婉转的笛音，常常吸引着聂耳兄弟三人驻足静听。聂耳不仅认真地听，还仔细地观察邱师傅吹奏的动作，并向同学借来笛子模仿着吹奏。起初，无论多用力，总是吹不响。聂耳就对着镜子，边吹边练边纠正。经过一段时间的苦练，居然也能吹奏出几支曲子的片段了。聂耳很高兴，但吹奏起来既费力又不好听，他只好向邱师傅当面请教了。邱师傅很热心，纠正了聂耳吹奏方法上的错误，并把正确的方法和要领一一示范给聂耳看。聂耳心领神会，很快掌握了吹奏技巧，吹奏的曲子既多又动听了。聂耳还把自己掌握的技巧，教给了两位哥哥，两位哥哥慢慢地也学会了吹笛子。

然而总是向同学借笛子来吹奏，也不是长久之计。在过春节时，兄弟三人把亲戚长辈给的压

△ 1924年求实小学校学生音乐团与教师的合影（弹三弦者为聂耳）

岁钱凑起来，买了一支笛子和一把胡琴。有了乐器，聂耳更加勤学苦练，还经常和邱师傅一起合奏。

聂耳对演奏乐器的兴趣越来越浓厚了，放学回家做完作业后，就开始刻苦练习。不仅吹奏笛子，他还向一位小学老师学习拉胡琴。经过苦练，不仅能用胡琴演奏一些歌曲，还能演奏几段花灯和滇戏的曲谱。接着他又学会了弹三弦和月琴。聂耳的两位哥哥也和他一起学练，组成了一支小小的家庭乐队。聂耳的好友张仓荣（字庾侯）在《回忆聂耳》一文中回忆了当时的情景：

他和他的两个哥哥聂子明、聂叙伦（聂子明当时在电报局工作，聂叙伦在市立商校读书）时常在晚饭后一齐在药铺里玩乐器，笛子、胡琴、三弦、月琴之类，乐声悠扬，很觉悦耳。我从门口路过，总喜欢站着听，听了很多回后，索性推门进去和他们攀谈。我也是一个音乐爱好者，有时随便拿起乐器和他们一起合奏，从此便认识了。

由于受母亲的熏陶，聂耳小时候就很爱看地方戏的演出，喜欢听民间艺人的演唱，还常把一些曲调用简谱记下来。在昆明，只要一有机会，他就会千方百计地去观看花灯、滇剧和洞经乐班的演出。甚至街头巷尾卖艺人的演出，他也不会放过。他对玉溪花灯的《四狗闹家》有着特别的兴趣，因为他在家里也排行老四，按云南人的习惯爱称，就叫"小四狗"。戏里"小四狗"的父亲早逝、由母亲带着姐弟三人生活的情景，也与聂耳的身世相似。四狗妈"为儿辛苦为儿忙"的唱词，常使聂耳联想到自己的母亲。因此，他对这出戏有着特殊的感情，到上海后，他还不时地为同事们表演《四狗闹家》里的片断。他后期创作的器乐曲《翠湖春晓》，也是吸收了洞经音乐的养分创作而成的。

为了减轻家里的经济负担，聂耳在私立求实小学读高小期间，从未买过教科书，都是借同学的书抄来读。抄书读，不仅节省了费用，还加强了记忆。聂耳学习刻苦努力，成绩在班上总是名列前茅。因为酷爱音乐，聂耳在学校的文娱活动中的表现更为出色。1924年11月份，学校成立了学生音乐团，由于他懂简谱，又会演奏多种乐器，因而被同学们一致推荐为乐团的指挥。聂耳也尽心尽力地去做，在音乐老师的指导下，学生乐团排演了很多节目，如《梅花三弄》《苏武牧羊》《昭君和番》《木兰从军》等以及一些当时流行的儿童歌曲。

1924年年末，学期结束了，学校举办了学生成绩展览和文艺晚会，邀请了学生家长和关心教育的社会贤达人士来校参观、指导。聂耳以学生自治会会长的身份代表全校学生致辞，并指挥乐团表演节目，自己也表演了小品和双簧。他的致辞和表演，赢得了满堂喝彩。一位参观学校的土司，错把聂耳致辞中的"辅助"听成了"补助"，还为学校捐助了400元钱。

由于聂耳在学校各方面的突出表现，学校给他颁发了一张"第一号褒状"，褒状云：

书曰业精于勤荒于嬉，西儒曰健全之精神宿于健全之身体。查本校高级三年生聂守信，本学年请假未逾六小时，成绩甚佳，品行高尚，非勤于业而具有健全之精神者曷克臻此？爰照校规，授以褒状，冀更加勉是为至要。

给学生聂守信

民国十四年一月

校长苏鸿纲

1925年春，聂耳高小毕业了，13岁的聂耳又面临新的选择：找工作，年龄太小了；继续读中学，家里当时的经济条件却难以支付中学的学费。这位天才音乐少年将如何选择呢？

→ 柏希文的钢琴

★★★★★　（13—15 岁）

1925 年 7 月，聂耳在求实小学老师杨实之的指点和帮助下，插班考入了收费低廉的云南第一联合中学走读。当时中学多为住读，聂耳选择走读，可以节省一大笔食宿费用。

上中学后，聂耳对英语产生了浓厚的兴趣。白天完成当天的功课后，晚上还要到英语学会去补习英语。在英语学会，他结识了他的恩师柏希文先生。

柏励，字希文，是一位出生于中国的外籍学者，父亲是法国人，母亲是中国广东高州人。1864 年生于广州，幼年入教会小学，8 岁被送到英国学习英文、德文、拉丁文，以及史、地、数、理、医学等科目。他从小就有音乐天赋，钢琴弹得极好，对贝多芬、瓦格涅、肖邦、莫扎特等音乐大师的名曲，演奏极为娴熟。16 岁回中国养病,三年后,按父亲的意愿在上海、香港从事商业。辛亥革命后,应云南都督蔡锷邀请来云南工作,将经营锑矿获得的巨款资助革命。在护国战争时,他用英、德、法等国文字为蔡锷草拟发给各国政府的讨伐袁世凯"通电"。柏希文先生喜爱云南的风土人情,他认为要发展一切事业,非人才不可,他的后半生便献身于云南教育事业。为了培养出深明现代西方科学技术和先进国家立国精神的中国杰出人才,他筹办"英语学会",亲自担任教务主任,负责课程编制、教材选择、师资训练、经费筹措。清贫学生不仅免交学费,还在生活上给予资助,聂耳就是免费生中的一员。柏希文先后培养学生数千人,在教育、军事、政治、经济、科研等各界成为知名人士的不下百人。他根据学生的性情特点,实施因材施教的教学方法。若性近科学的,他勉励致力于科学;性近文学的,他讲述莎士比亚等优美的文学作品;性近音乐的,他教弹钢琴。聂耳的钢琴就是他教会的,不仅如此,他还为聂耳讲解乐理,为聂耳后来的音乐创作打下了良好的基础。如今,坐落于昆明风景秀丽的西山之中的柏希文墓,已经成为了云南省重点文物保护地。聂叙伦《少年时代的聂耳》一书中回忆道:

　　柏希文先生的生活非常俭朴,终身没有结婚。租了广聚街(现名金碧路)客栈的一个小房间做卧室,放一张可以收叠的帆布椅作为睡床,经常躺在上面看书到深夜,疲乏了把书放下,盖上毛毯就睡了;屋里还有一张不大的书桌,摆满了各种文字的书籍,帆布椅子的周围几乎全被书籍淹没了。他在吃方面也很简单,经常素食，有时啃几片面包就算一餐。学会经费是由学生选出人员负责管理的，他只领取仅够维持最低生活的工资。有时连纸烟都抽不上。一些学生资助他一点，他也不太拘泥的接受下来，但他常常又把其中的一部分转送给那些贫苦的学生；有时弄到一点好吃的饭菜，也要约上几个贫苦学生来和他一起享受。

他教书非常认真，解说得很清楚，循循善诱。他主张多读、快读，反对死读硬背。他认为：多读就有接触的机会，就能从各个方面去理解它。同时，在多读快读的当中，对学到的生词复习的遍数多了，印象也就深了，自然而然地就记住了。多读快读对练习和运用熟字熟句也有好处。在他的这个教学方法指导下，聂耳读了不少英文书，阅读能力提高得很快。

柏希文先生不仅在英语方面对聂耳的帮助很大，在思想方面也给聂耳一定的影响。柏希文先生是一位尊敬达尔文和哥白尼的无神论者，在讲课中，经常对学生灌输无神论的思想，揭露帝国主义对中国的侵略罪行，并阐述帝国主义必败，中国必胜的观点。他是一位乐观的人，从不计较生活上的艰苦和个人的得失。他一生无家庭，无财产，不信仰宗教，一心为教育事业服务，以渊博的知识哺育广大青年。当时，云南每年有两名庚子赔款提供的香港大学公费的学生，几乎考上的都是他的门生。他还培养了不少外语人才，许多后来搞外交的工作人员也都是他的学生。聂耳十分敬重柏希文先生，认为他的治学精神和进步思想都是值得学习的榜样。

柏希文先生对聂耳的思想成长产生了很大影响，而当时活生生的中国社会现状，又使聂耳的人生观发生了重大转折。

1925 年 5 月 14 日，上海日本纱厂工人为抗议日本资方无理开除工人举行罢工，日本资本家开枪打死工人顾正红（共产党员），打伤十余名工人，激起上海工人、学生和市民的强烈愤怒。5 月 28 日，中共中央根据运动发展形势，及时决定进一步动员群众开展反对帝国主义的政治斗争。5 月 30 日，上海学生两千余人在租界内散发传单，发表演说，抗议日本纱厂资本家打死工人的恶行，并号召收回租界。示威学生遭到了英国巡捕的大肆逮捕，更加激起了众怒。下午，万余群众聚集在英租界南京路老闸巡捕房门首，要求释放被捕学生，高呼"打倒帝国主义"等口号。英国巡捕竟开枪射击，死亡 13 人，被捕者、受伤者无数，造成震惊中外的五卅惨案。

五卅惨案的消息迅速传遍全国，各大、中城市纷纷罢工罢课，声援上海人民的反帝斗争，从而形成了更大规模的五卅反帝爱国运动。云南人民也积极响应，成立了"五卅惨案后援会"。1925 年 6 月，云南建立了中国共产主义青年团，在党团地下组织的领导下，昆明市的各大、中、小学校都先后成立了学生自治会，展开了支援上海工人和学生、抵制日货的运动。联合中学的进步师生也积极响应，进行演出募捐和抵制日货宣传等活动。聂耳表演双簧、乐器演奏和清唱，成为了募捐演出的台柱。他还积极参加了由学生组成的宣传队，到闹市区进行抵制日货的宣传。

聂耳不仅积极投身于"五卅惨案后援会"的募捐和抵制日货的宣传活动中，还对这一惨案发生的实质原因，进行了深刻的思考。他在学校布置的作文《近日国内罢工风潮述评》一文中，分析了罢工之患，并提出了"吾人欲免除罢工之患，非打破资本阶级不可也"的观点。他在作文中写道：

自五卅惨案发生以后，国内罢工之风潮，纷纷四起。初自上海之纱厂，次则商务、中华二书局，而最近有电局及汉阳铁厂之罢工。其中之最甚者，既上海纱厂及汉阳铁厂也。以至发生流血惨状，此为何也？盖受资本家之压迫，生计之日高，工资不敷之故也。

夫此次之罢工，国内之影响甚大矣。如电局罢工之影响于全国之电报阻碍。汉阳之罢工即在全国之大工厂内，有所不足，而影响于全国所需之军械。由此观之，如此可为常行乎。不然假能如此常行，岂非吾国衰亡之基乎。故至今已有解

△ 云南第一联合中学发给聂耳的毕业证书

矣而。未解决者，即汉阳铁厂也。噫！吾国自成立以来，未有大工厂、大营业及亦未有罢工之风潮。近数年来，始有稍大之营业，资本家阶级亦日增。而渐有罢工之风潮。吾人欲免除罢工之患，非打破资本阶级不可也。

1927 年夏，聂耳以优异的成绩在联合中学初中毕业了，家里却无力再供他读书了。聂耳又面临着新的人生选择，他在日记中写道：

民国十六年秋，十六岁时，初中毕业。家里叫我谋相当职业（因环境实不能给我升学）。适省师招考新学制高级师范生，在我和母亲到玉溪的时候预备了所考学科，上省应考。

这是聂耳又一次回到玉溪原籍，至于他如

何说服母亲同意他去考云南省立第一师范学校，从他在是年七月初十日的日记中，对"我要进高师的理由"、"我要进高师的困难"和"我要进高师之困难解决方法"的详细分析中可以看出，他对投考高师已经做好了充分的准备。毕竟，云南省立第一师范学校是当时云南省唯一的公费学校，学生的学杂费和食宿费都是免费的。也正因为如此，报考的人很多，竞争很激烈。

对于聂耳来说，只有考取了省师，才能有继续读书的机会。聂耳能如愿以偿吗？

→ # 谱曲"附小校歌"

★★★★☆

（15—16岁）

刻苦努力的结果，在不看过程的人的眼里，往往误以为那是幸运。

这种幸运也降临到了聂耳头上。1927年秋，在众多考生的激烈竞争中，历经三榜考试，聂耳考入了云南省立第一师范学校高级部，进入外国语组学习英语。

聂耳上初中时就对英语产生了浓厚的兴趣，考入省师后，为了训练自己的英语会话能力，他经常进行对话练习。有一次，三哥聂叙伦刚到家，就听到屋内有两个外国人在争辩，还不时地传出外国女人的声音。聂叙伦很诧异，推门进屋一看，却只见聂耳一个人，手里拿着一张英文纸。他就问聂耳屋内怎么有外国人吵架的声音。聂耳笑着说："我学'洋人'吵架。"原来聂耳在练习英语会话，他活灵活现的表演，使得三哥误以为家里有洋人在吵架。

聂耳是学校文艺活动的积极参与者，他经常参加校内外的话剧演出活动。由于当时实行男女分校制，演出时他经常扮演女主角，曾在话剧《女店主》和《克拉维歌》中扮演过女主角。由于在《克拉维歌》中出色地扮演过"玛莉亚"，这个名字竟一度成为了他的外号。

聂耳的邻居、好友张仓荣当时是省师附小的音乐教员，在省师附小的孩子们的要求下，他俩合作创作了《省师附小校歌》。张仓荣创作了歌词，聂耳为之谱了曲。歌词的开头是"同学们，大家团结起来，锻炼勤苦耐劳的个性，养成服务社会的能力，造就健全生活的本领……"

聂叙伦在《少年时代的聂耳》一书中回忆道：

在创作校歌时，聂耳根据歌词反复琢磨，并在屋里高声试唱，边唱边改，没有几天就完成了。这首校歌，不仅在校内流行，也成为了校外学生普遍爱唱的一首歌了。

第一位试唱这首歌的袁春晖（聂耳的初恋女友）回忆说："聂耳作完这首校歌，首先唱给我听，请我提意见修改。后来我第一个试唱，聂耳觉得满意后才教小学生们唱了……"

聂耳在省师的学习生活是丰富多彩的，这期间他结识了袁春晖、在省师附小教书的张仓荣，认识了一位爱好音乐的叫廖伯民的学生家长，他家里有钢琴、小提琴和曼陀铃等西洋乐器。聂耳和张仓荣经常借小提琴和曼陀铃等乐器出来练习演奏。张仓荣的亲戚李家珍家住在威远街，因为李小姐的父亲李肇锡热情好客，张仓荣就经常带聂耳去李家玩。李家珍的两个表妹袁令晖、袁春晖也经常来李家，几位年轻人就常常聚在一起弹唱。聂耳拉小提琴，张仓荣弹奏曼陀铃，李家珍、袁令晖、袁春晖三位姑娘唱歌，唱当时流行的《杨花》《寒衣曲》《饯春》《木兰辞》等，大家都快乐无比。逢到休息日，他们还经常到郊外游览昆明的名胜古迹，最常去的就是美丽的西山。聂耳每次去郊游，总是带着乐器，在湖光山色中演奏。

年轻人是最容易快乐起来的，因为年轻，充满朝气。

当时的省立师范学校是昆明学生运动的中心，在地下党和共青团的直接领导下，学生们积极参加校内外的各种进步活动。聂耳在进步同学的帮助下，加入了共青团的外围组织"读书会"，开始接触马克思主义理论。聂耳阅读了不少进步书刊，还曾经阅读《东方杂志》的列宁专号。他在 1927 年 10 月 13 日的日记中，摘录了马克思的传略。在 11 月 30 日的寒假日记中，记录了他开始阅读马克思的文章。他在日记中写道（日记手稿原为英文，以下为后人的译文）：

十一月二十六日我们学校结束了所有的课程，早饭及晚饭将要停止至十二月十日。我昨天回到家里。今天早晨我读了几篇马克思的文章……

此时，聂耳对人生和社会的看法，也发生了很大的改变。聂耳在上学期间曾写过两篇《我之人生观》和《我的人生观》的作文。前者是初中时期写的，那时他的想法是：

我觉得最好是等到大学毕业，去游历一转之后，对于学术上有多番的研究，并且还有几个钱，那时我们又将如何呢？不消说，来到滇的西山，买点极清幽的地方，或是在外省也有极静的或山水清秀的，也还有可以。约得几个同志，盖点茅屋，一天研究点学问，弄点音乐。不受外人支配，也不受政府的管辖，如此，岂不是就终了我的身了吗？

可以看出，聂耳初中时的人生观是消极、浪漫而不成熟的，因此，当时老师给的评语是："青年志望宜远大，不宜作隐逸之想。惟文尚明净。"

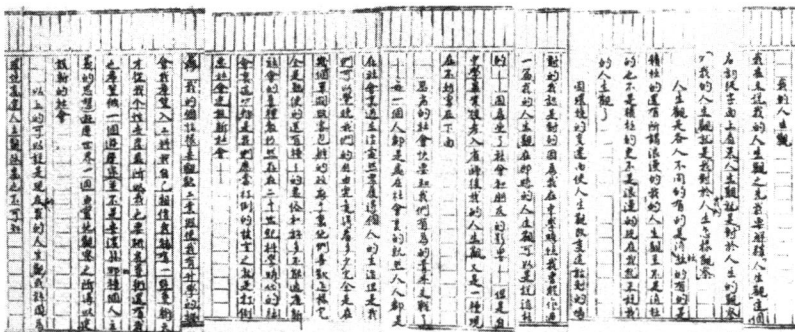

聂耳在省立师范学校期间，他的人生观发生了变化。他在"我的人生观"的作文中写道：

恶劣的社会快要和我们有为的青年交战了——每一个人都是处在社会里的。既然人人都是社会里过生活，当然要获得个人的生活。但是我们可以觉晓我们的自由究竟得着多少，完全是在几个军阀政客包办的政府手里。他们喜欢怎样完全是听便的。还有种种的恶俗和许多不能适应新社会的旧礼教，仍然存在二十世纪科学时代的社会里。这些都是我们应当打倒的。换言之，就是打倒恶社会建设新社会。

我的个性很喜欢工业。假使我有升学的机会，我希望入工科。我自己相信我稍有一点艺术天才。从我个性去发展，所以我也要研究艺术。还有我也希望做一个游历家（并不是鲁滨逊那种个人主义的思想），游历世界一周，由实地观察之所得以建设新的社会。

当时的云南政治环境也正如聂耳作文所说的"自由究竟得着多少"。1927 年 4 月 12 日，以蒋介石为首的国民党新右派在上海发动反对共产党的政变，血腥屠杀共产党人和革命群众。云南在蒋介石的指使下，也开始了"清党"大屠杀，许多革命者遭到逮捕和屠杀。聂耳曾亲眼目睹了恩光小学女教师被反绑双手、脚戴镣铐押解枪毙的过程。为此，聂耳加入了党组织为营救狱中同志成立的"济难会"，并以学生代表的名义到狱中探望年仅 28 岁的省师化学教师段老师。

1928 年，正义感促使聂耳最终秘密加入了中国共产主义青年团。聂耳的同学郭辉南在《聂耳是怎样加入共青团的》一文中回忆道：

回忆迄今 28 年前，当我们还是同学的时候（1927 年），我们一同由联中刚毕业，并一起考入了云南省师高级部的时候，昆明的学生爱国运动，正是最高涨的年代。我在先加入了共青团，是谁介绍我的已忘记了。后来到八月里，在一个安静的晚上，我介绍了守信给共产党员、共青团的领导李国柱同志，那是在昆明城中翠湖的中路上，是预先约会了的。大约八点钟的时候，中路两旁密集的树木吐着浓郁的令人清醒的夜气，冲淡了炎夏的余威。我和守信边谈边走，渐渐看出并认识出前面一个穿着长衫的人影。我们加速了脚步就走成了一排了。

"老克同志，这位就是守信同学！"

国柱和守信紧紧地握了手。

"守信，你是一位很好的青年！你和同学们很打得拢，并且有很好的表演才能！"

"我看书很少，知识很不够，希望你多多指导！我愿意做一个共青团员！"

"你愿意参加工作，我们是非常欢迎的。"

……

在一年以后，守信便被批准入"中学"了。

加入共青团后的聂耳，积极投身于团组织的各项工作中。印刷、散发传单，张贴标语，筹募捐款救济难民，去监狱探望被捕同志，聂耳都做得很出色。然而，面对动荡的时局、纷纷被捕和遇害的同志，聂耳心情也变得沉重起来，他不想再在云南待下去了，想走出去，寻求新的出路。

→ 初离母巢

好男儿志在四方，在云南昆明生活了16年的聂耳也不例外，他很想到外面的世界闯闯。然而，闯荡世界是需要本钱的，聂耳当时的家境却是承受不起的。

可是，机会却不期而至了。

1928 年冬，驻扎在湖南郴州的国民革命军第十六军（由滇军第二军改编，作为北伐军总预备队）来云南招"学生军"。十六军军长是云南名将范石生，1909 年考入云南讲武堂，与朱德是同窗好友。1927 年八一南昌起义后，朱德率领部分起义军向湘粤赣边转移，开展游击战争。由于蒋介石派兵不断地围追堵截，起义军缺衣少食，陷入了困境。范石生主动与朱德取得了联系，让起义军改用十六军四十七师一四〇团的番号，伪装隐蔽起来。朱德化名王楷，任四十七师副师长兼一四〇团团长。范石生给起义军发了两个月的军饷，补充了被服弹药等。当朱德率部离开时，范石生又送来了几万元现洋和一批枪支弹药及各种军需装备。十六军本身是一支滇军部队，绝大多数士兵都是云南子弟，因此，当他们招募"学生军"时，云南的青年学生们报名十分踊跃，几天之中就达二百多人。聂耳也瞒着家里报了名。他在11月30日的日记中记下了临走前回家与母亲默默告别时的情景：

今天起床的时候，我觉得头有些晕，我居然认为我是一个病人了。我正在追思我的病源的时候，李云龙的同乡范进来，我得到了他们明天要走的消息，他请云龙和他换法币。在他们那种很平淡的谈话中，使我起了极大的反应。我忽然想起了我必定要与他们同出去，云南不是我在的地方。虽然我的家庭是这样快乐，学校生活也是这样有趣，思去想来，宁肯牺牲了一切，甚至牺牲了我的可爱的小朋友。我决定了，无疑，明天一定和他们走吧！在这情绪极高的时候，我的什么病都忘却了，一鼓勇气自病床上挣起来……

当我回家的时候，我仍然保持我的病态，我对家里的人说我是回来找点药吃——这不过是敷衍他们罢了，其实我是回家来看望我的家庭的最后一次。我那最亲爱的母亲仍然如平常似的和她的几个女朋友弄麻将，一听见我病了，她很关心地弄药给我吃，特别地做几样我平常最好的菜。唉！或许上帝给了她一个预知，说这是我们的最后一次会面了吧。

随后，聂耳返回学校，分别向同学邓象涟、夏世春借了4元钱和10元钱，以4.7比1的比率换了3元法币，剩了9角的滇币。11月30日早晨5点钟，天还没亮，年仅16岁、平生第一次只身离开故乡的聂耳，在月色中匆匆赶往昆明火车站，他将沿滇越铁路，踏上未知的征程。他在当天的日记中写道：

月光和电灯光照在街上，除了几个清道夫外，只有我和涟君（邓象涟）走着。"生离死别，我们今天也尝到这种滋味了！"我开始这样说。在这种情形之下，好像人人都可以感觉到的就是有话想不起来说。他仅答应我"是的"，他又想了一会，很悲壮地对着我说："你看这明朗的月光，它的表示，是说我们始终都是在一条光明的大道上同行的，信弟多多地想想吧！"

无情的汽笛啊！你真是不让我们再说几句吗？呜——离别了！离别了可爱的故乡！可爱的朋友！这一去不知道是怎样茫茫的前途啊！

……过了几个车站，我所遇见的事物都是一种新的景象，渐渐把我思乡的观念打破了。

火车仍是不住地拖着向前方，我看了路旁的树木一棵一棵地睡下去，又看看火车头的勇敢毫不惧怕地勇往前去，我的脑海充满新的希望。

当天下午6点钟左右，火车到达了滇南小城阿迷（今云南省开远市）。排班点名后，四十多名"学生军"被安排住进了大安旅店。晚饭后，聂耳同刚认识的三个新朋友，在街上逛了几转，又到茶铺里坐了一会儿。聂耳忽然想起早就写好的家信还没寄，就急忙找到邮箱投了进去。他信中说自己考上了"军事学校"，安慰家里不要为他担心。聂耳和三个新朋友回到旅店，都很兴奋，睡不着，大家一直聊到了半夜。因明早还要早起，大家才睡下。睡梦中的聂耳做了一个怪梦，他梦见了母亲和二哥赶到阿迷来捉拿他，聂耳向他们苦苦恳求，他们扯紧他的两臂，就是不肯放手。聂耳想竭力挣开，拉扯一阵后，不知怎么就把他扯醒了。

12月1日早上，大家正在站台等候开往中越交界的河口的车的时候，发生了一起令人痛心的车祸。一个10岁左右的小女孩，因家中贫困，每天都提着篮子，搭上由阿迷途经小龙潭的货车，去那里拣运输过程中漏掉的碎煤，以补贴家用。因买不起车票，她总是在车启动时，才跳上火车的踏板。这天，她依旧提着篮子，敏捷而平稳地跳上了一趟刚启动的火车。这时从车内走出一个安南人（即越南人），手里拿着小红旗，二话不说，就把小女孩推下了车。不幸的是，小女孩跌落在两条轨道的交叉点处，一列急驰而过的火车，把她的双腿自膝盖以下轧得只见破碎的骨头和血肉。小女孩绝望地喊着："你们哪个有刀枪的快些地把我杀死吧，我不愿这样受罪了。"

这一幕悲惨的场景，让初次远离故乡的聂耳

感到震惊。他在当天的日记中详细记录了这一惨剧发生时的情景，不久后，他就以此为题，创作了一篇小说《碎煤》。

一路上，火车爬行于崇山峻岭间，穿过了一百多个山洞，于当晚7点左右，抵达河口，这也是滇越铁路云南境内的最后一站。大家下了车，走过界桥，法国人对相片，清点了人数（当时越南为法国的殖民地），就进入了越南境内——老街，这也是滇越铁路越南境内的第一站。当晚，这群"学生军"住进了老街的"长安"旅店。旅店的条件很差，"卧薪尝胆今天也算尝过了，在这里的店子比较阿迷实在差多了，仅仅垫一床席，枕就是一块柴，盖的是一床灰毯"。聂耳在当天的日记的最后记下了他离开故乡一天一夜后的境遇。

这群年轻的"学生军"们哪里知道，艰苦的征程才刚刚开始。

12月2日早，他们乘坐6点20分前往嘉宁的早车。这段路很平坦，两旁是热带大叶的植物。下午5点30分到达嘉宁。一路上，聂耳很好奇，觉得像过电影似的。在嘉宁吃过晚饭后，他们又乘坐8点30分的晚车，经三个多小时，到达了滇越铁路的终点站——海防。在这里，聂耳第一次见到了汽车、电灯，他在当天的日记中兴奋地写道：

海防的汽车啊，马车啊，马路啊，美丽得了不得！我们好像乡下人到省城似的东张西望，到店子已有十二点了，两点打过我们才睡的。

云南地处西南边陲，当时的交通很不方便。"学生军"要开拔到湖南郴州，需经滇越铁路，到达越南的海防，再转乘轮船，经香港，到广州，再换乘火车。

第二天（12月3日），因为轮船次日才起航，聂耳和他新结识的三位朋友，在海防挨家地闲逛商店。而最让他们感兴趣的，是路上不时地驶来的汽车和骑单车（自行车）的人。聂耳还花了一毛钱，租了一辆单车，逛了一个小时。

12月4日晚5点，大家登上了"顺康"号轮船，被安排在舱板上。起初大家还以为是暂时休息一下，后来一问才知道，这就是他们的睡处了。舱板狭小、污秽，四十多人挤在一起，外面吹着冷风，里面却热得出汗。再加上大家的埋怨声、咒骂声吵个不停，聂耳一夜都没睡着。

船在次日（12月5日）上午才起航。大家又兴奋起来，兴高采烈地站在船边，看着海防码头渐渐地后退、隐去，最终消失。轮船驶进了茫茫的大海，风浪也越来越大了。船也开始剧烈地颠簸，这些从没下过海的"学生军"，大多数都因晕船而呕吐，使本来污秽拥挤的舱仓，更加不堪。聂耳也被船摇得头晕眼花，好在他的身体还比较强壮，没有呕吐。

经过了三天的航行，"顺康"号轮船于12月7日晚到达了香港。香港是聂耳平素最想到的地方，他天真地想，船一到，就可以上岸去买一支自己最喜欢的自来水笔,再去找《大光报》的总编辑黄天石先生。黄先生曾在昆明多次发表过鼓励青年上进的演讲,聂耳在昆明时拜访过黄先生。聂耳甚至想或许可以逗留在香港,和黄先生一起工作。

奢望最终变为了失望,船靠岸了,船上的"学生军"却不允许上岸,而是直接换乘了一艘开往广州的"广西大仓"号轮船。聂耳的第一个愿望落空了。

12月8日,船抵达广州,并在这里休息一天。聂耳在广州街头逛了一天,希望能遇到广州的朋友。无奈,广州太繁华了,一个朋友也没遇到。聂耳的第二个愿望落空了。

12月9日,"学生军"由广州出发,经韶洲、桂头、罗昌,于12月15日到达十六军驻地——湖南郴州。聂耳本想找范军长亲自谈话,可是范军长已下了命令,不见新兵。聂耳的第三个愿望也落空了。

新兵的生活非常艰苦。已经是寒冷季节,当地气候阴冷,雨水又多,而铺盖仅是稻草三把,灰毯一床。每天早上,天未亮就要出早操。聂耳曾被教练训斥为"特别操八字慢步",深受打击。伙食供应也不充足,大家常常挨饿,饿得甚至到厨房抢食锅巴。卫生条件也很差,一有晴天,找虱子就成为了普遍现象。不少新兵因受不了这份苦而逃营,以至于逃营的人数太多,大队长都被罚到军部的烂房子抬砖头去了。

聂耳在新兵队经历了十天的艰苦训练后,经玉溪的同乡、宪兵队长毛本芳等多个低级军官的疏通,于12月26日,从新兵队调到了十六军一三七团二营六连任文书上士。虽然不用再出操了，不用再抢饭了，聂耳却感到前途渺茫。以前的一切希望都投进了失望的海底，自己就像一只初离母巢的孤雁。他在1929年2月11日的日记里的一首诗中写道：

> 一个卑湿污浊的荒岛上，
>
> 站立着一只初离母巢的孤雁！
>
> 他那细长的头颈，不住地转向后看，
>
> 看不见他可爱的故乡；
>
> 他那细长的头颈，又不住地伸向前望，
>
> 只望见他的前途茫茫。
>
> 渐放光明的东方，
>
> 突起一轮通红的太阳；
>
> 残暴怒吼的洪涛巨浪，
>
> 一阵阵的拥上他的身旁。
>
> 他知道这是他的穷途末路，
>
> 只好挣开了他那柔弱的翅膀，
>
> 预备着奔向他的自由之乡。
>
> 啊！自由之乡！

1929年年初，失望中的聂耳，突然得到一个好消息：第十六军被缩编为第八路军第五师，本军的军官团要送到第八路军总部的军官学校。

△ 1929年聂耳（右）与友人在广州的合影

聂耳觉得这是一次难得的机会，经同乡的帮忙，终于见到了范军长。经过几次谈话后，范军长很看好聂耳，同意送他到黄埔军校去学习。

3月28日，聂耳随十六军军官团的全体学员，自郴州起程，于4月8日到达广州。一到广州，聂耳又失望了。这所军官学校，只收容在职编遣的军官，聂耳根本没有资格，只能按遣散处理。聂耳得到75元的遣散费后，于4月9日离开军官学校，孤身一人投宿到旅店。聂耳离开家乡与家人不辞而别快四个月了，一路奔波，却一事无成。他不想就这样回去，听说广州的航空学校要在8月份招生，他觉得航空事业一日千里，很想报考。但是，手头那点遣送费，根本无法支撑他等到考试的日子。正在他彷徨时，他在报纸上发现广东戏剧研究所附设艺术学校正在招公费生，聂耳眼前一亮，想借它的公费来等待航校的招考。聂耳找到学校的教务长咨询洽谈，教务长对他夸耀说学校如何地好、如何地重视艺术理论的学习等。聂耳就化名聂紫艺，参加了考试。考取后，聂耳按学校的要求，于4月13日搬到了学校来住，还用遣散费买了些日常用品。然而，事出意外，聂耳第二天就搬出了剧校。原来这所学校根本不开设音乐理论课程，而是培养广东戏子的地方，聂耳对此毫无兴趣。

此时的聂耳陷入了困境，钱没有了，一切远大的愿望也不敢想了。要到上海道路不通，在广东无钱立足，想回家没有旅费。4月17日，孤零零的聂耳在广州旅馆中，向家里写了求救信。他苦闷而矛盾，想自己自离开家乡以后，每一天都在奋斗，最终却连几十元的旅费都奋斗不到。

聂耳正在焦急地等家里汇钱的时候，他的同乡、教官阮守诚，也是这次被遣散的教官，准备近日返回云南。他垫付20元的旅费，把聂耳带回了昆明。5月6日傍晚，初离母巢四个多月的聂耳，终于回到了自己的家。

聂耳回昆明后，征得校方的同意，又回到省立师范学校高级部读书。学校的教学进度已进入第五个学期了，再有一年就毕业了。

历时四个多月的痛苦的从军经历，使聂耳加深了对社会的认识，也加深了他对马克思主义一些基本原理的理解。还在广州等待返昆明的时候，他在 4 月 25 日的日记中记录了自己的学习体会：

唯物史观，经济条件绝对律：人类意志的决定，是绝对受经济条件之支配。

马克思说，物质为历史的重心，唯物史观认为生产力方法的变动为一切制度变动的标准。

阶级斗争：

马克思说，阶级斗争是社会进化的原因。

要有阶级斗争，社会有进化，阶级斗争是社会进化的原动力。

剩余价值：

马克思说，资本家所得的利益，是剥夺劳动者的过剩劳动产生的剩余价值。

马克思说，资本集中是资本主义自己造坟墓。

回到省师的聂耳，除认真学习各门功课外，在课余时间积极参加各种游艺晚会。他演话剧、演奏器乐、表演双簧和口技。无论表演什么，他都十分认真，给同学们留下了极为深刻的印象。

这期间，聂耳和一位爱好音乐并与自己有着相似的身世的女孩产生了爱情。这位 17 岁的少年尝到了甜蜜的烦恼。

永远的初恋

★ ★ ★ ★ ★

（17—18 岁）

1930 年 1 月 15 日，聂耳用英文在他的日记中写道（以下为后人的翻译）：

晚上，天空悬挂着一个非常明亮的月亮，张君同我散步到翠湖，我有一种想法：

1. 我不能够把 C 从我的"想念"里除去。

2. 我不可能把 C 从我的"爱慕"中除去。

3. 若我同 C 离别，我没有把握我会同另外一人。

4. 若是我牺牲了我的"想念"，我不可能满足 C 的希望。

5. 其"结果"是：我艰苦地进行我的"想念"。

聂耳后来到上海时，在 1930 年 10 月 19 日的日记中，编写了自己的年谱。在年谱中，关于 1930 年的事聂耳只写了两条，其中的一条是：

（1930）民国十九年一月一日，开始输爱

给她。

这位令聂耳想念和爱慕的"C"和开始输给爱的"她"，就是在东陆大学（云南大学的前身）预科班读书的袁春晖小姐。

袁春晖 1915 年出生于昆明。她的伯祖父袁嘉谷是清代第一个云南特科状元，在云南颇有影响。但袁春晖家道并不富裕，幼年丧父，和聂耳一样，她也是由母亲抚养成人。她到东陆大学预科班去上学，主要是为她的堂姐伴读。因家中清贫，初中毕业后她就在昆明第五小学当音乐教员，以微薄收入补贴家用。

袁春晖在叔伯姐妹中排行第三，是家中最小的姑娘，人们都叫她"小三晖"。她们是聂耳的朋友张仓荣的亲戚，称张仓荣为"小舅爷爷"。张仓荣把袁春晖和她的姐姐袁令晖介绍给了聂耳认识，由于音乐上的共同爱好，大家很快成为了好朋友。

袁春晖不但喜欢音乐，而且性格温和稳重，对聂耳充满好感。两人由于爱好相同，家境一样，特别是经常在一起学琴和谈心，互相渐渐产生了好感。聂耳有兄弟四人，也是家中最小的一个，朋友们都叫他"聂四哥"。他喜欢养狗，别人送他的一只小黑狗，经常跟在他后面跑来跑去。袁春晖看着有趣，不叫他"聂四哥"，却叫他"聂四狗"。聂耳也给她起了一个谐音的诨名"吹吹灰"，两人平时就这样互相称呼，显得很亲切。

十七八岁的聂耳，依然活泼调皮，有一次他握着空拳头对袁春晖说："吹吹灰，我给你好东西吃！"待到袁春晖伸出手来接时，他却在她的手心上轻轻拍了一下，还哈哈大笑。袁春晖生气地扭身就走，聂耳这才真的掏出松子和糖果向她赔不是。

袁春晖家有一棵缅桂花树，一到夏天，树上就开满了白色的小花，散发出淡淡清香。袁春晖很喜欢用线把花串起来，挂在胸前的扣子上。聂耳非常喜爱缅桂花，特别爱闻干燥后的缅桂花的清香。每次会面的时候，聂耳总要把袁春晖胸前的缅桂花要来，夹在各种书里，随身带着。聂耳在日本遇难之后，人们在清理他的遗物时，还在箱子里发现了许多干枯的缅桂花。

聂耳一直是学校的文艺骨干，学校演剧队经常排演一些中外名剧。但是男校学生中没有女角，男同学都不愿意去扮演。聂耳个头较小，又很有表演天分，各种腔调都模仿得很像，所以常常被安排扮演女角。每逢聂耳扮演女角时，袁春晖忙着帮他借女子服装，帮他化妆。1985 年，70 岁的袁春晖老人在接受采访时，还清楚地记得聂耳在扮演《女店主》主角时的潇洒风姿。有一次学校准备排演《雷雨》，聂耳被安排扮演鲁贵，他就去找袁春晖来扮演四凤，袁春晖很不乐意："我不和你演这个隔着辈分的角色，要演就演我俩相般配的角色。"这一段发自内心的表白让聂耳觉得很幸福，也很开心。

聂耳从湖南当兵回来后，与袁春晖的感情越来越深了。几日不见便觉如隔三秋，相互思念不断。朋友们一起出去玩，他俩经常在一起窃窃私语，总有说不完的心里话。而那时，青年男女的恋爱并不很自由。与聂耳的恋情，袁春晖也始终不敢让母亲知道。他们每次相聚，都托词说是朋友们的聚会，或说到小舅爷爷家去。

在星期日和假期，他们最喜欢去的地方是西山和玫瑰田。西山是昆明最著名的风景区，山势挺拔俊秀，登高远望，五百里滇池尽收眼底。山幽林密，许多名刹古迹掩映于苍松翠柏之中。虽然当时交通不便，但是，两人还是乘坐渔家小船来到西山脚下，经华亭寺、太华寺、三清阁直至龙门。漫长的山路上，多次留下了两位年轻人的足迹。玫瑰田在昆明西坝河边，河埂上高树林立，河埂两旁便是大片的玫瑰田。每当玫瑰花盛开时，这里就成了万紫千红的玫瑰花海。两位年轻人在这片花海中有说有笑，甚至还尽情歌唱。临走时，袁春晖还要聂耳悄悄地摘几朵红玫瑰带回去。聂耳离开昆明避难到上海前，和袁春晖的最后一次相会，也是在这片玫瑰田里。当时他们谁也没有想到，这里竟成了最后的诀别地。

1930 年春节后，省师学生会组织一次到玉溪的演出。玉溪是聂耳的祖籍故乡，他又是演出队的骨干，他们在玉溪城乡的演出，受到了普遍的欢迎。聂耳扮演《春闺怨》中的女主角，为了增加地方特色，他用玉溪方言演出，表演得生动逼真，得到了大家的称赞。

1930 年后，云南的政治形势愈加恶化。前一年的 7 月 11 日，昆明发生了一场军火库大爆炸事件，有一万多无辜百姓在这次意外的爆炸中死伤。这次事件引起了社会各阶层对云南军阀统治者的强烈不满，也引起了大家对死难者和受伤同胞的无比同情。聂耳积极参加了在中共地下党领导下的"七·一一"青年救济团，开展对灾民的救济活动，以及组织灾民向统治当局要求赔偿的斗争。这些活动引起了反动当局对聂耳的注意。

4月24日深夜，反动当局突然出动军警特务，将聂耳隔壁寝室的共青团员和进步学生抓走。5月10日，传来消息说，聂耳已经上了第二批黑名单的首位。此时，聂耳毕业在即，正处在需考虑自己今后前途的关键时刻。聂耳在当天的日记中写道：

当我听了这种消息后，并不觉得怎样惊异，我平静地回到寝室里换了衣服，更动了几本所谓禁书的地位，便向校务处请假去了。

就这样，聂耳离开了学校，在亲戚家躲避了一段时间，并准备离开昆明。恰巧这时，聂耳的三哥聂叙伦，当时在"云南远东皮毛公司"日本大坂分号工作，回昆明汇报业务。在他的沟通下，由聂耳顶替自己到上海"云丰申庄"担任"稽查"，实际就是做会计和杂务。

7月10日，聂耳告别了故乡昆明，告别了亲人、恋人和同学，沿滇越铁路经越南海防改乘海轮后，转道香港，再到上海。滇越铁路和海防、香港的这段行程，是他第一次离家参加学生军时，曾经走过的一段艰辛之路。大家都以为过一段时间，聂耳就能回归故乡，可是谁也没想到，这一走却成为了聂耳对故乡和亲人的永别。

在上海的聂耳攒钱买了一双皮鞋寄给了袁春晖。不久，聂耳收到了一张袁春晖从昆明寄给他的照片，照片中的她穿着聂耳送她的那双皮鞋。看着照片，聂耳心情十分激动，当即在照片后面题了一首小诗：

> 记得你是一朵纯洁的白兰，
>
> 清风掠过，阵阵馨香，我心如醉，
>
> 愿人世间常留你的芬芳。
>
> 记得你是一只小小的鹂莺，
>
> 百转千回，娇娆娉婷，
>
> 辽阔大地，请容和我共鸣。

聂耳打算积一笔钱，把袁春晖接到上海。后来他避难到了日本，在给母亲的信中还写道："我要挣钱让春妹来日本留学，我要用反抗的歌曲喊出奴隶的心声，用反抗的乐曲夺得自己的天堂。"

而袁春晖的母亲对女儿和聂耳的恋爱关系

一直持有异议，加之聂耳又千里迢迢一直在外闯荡，永无归期，最后，袁春晖只好屈从了家长的意志，与一个青年商人结了婚。聂耳在外面得知袁春晖结婚之后，在相当长的一段时间里，都非常痛苦。

在聂耳的书信和日记里，他经常提到一位被称为"三人"的女性。云南省玉溪市聂耳研究专家刘本学说，这个神秘的"三人"叫袁春晖，把"春"字上半部分拆开了不就是"三人"吗?

抵沪避难

(1930—1932)

→ 廉价的小提琴

★★★★★

（18—19岁）

　　沿滇越铁路到达越南的海防后，聂耳换乘"长江"号海轮，于1930年7月18日到香港，7月24日抵达上海。

　　在这座当时被称为"冒险家的乐园"的上海，初来乍到的聂耳很不适应。

　　首先是经济拮据，生活困难。离开昆明前，聂耳的友人曾写了一些介绍信，希望能对他在上海的立足有所帮助。然而，聂耳奔波了十天，按信上的地址一一去找，结果，要么是只得到一些滑头的答词，要么就是访人未晤，令聂耳很失望。聂耳只好暂时在"云丰"申庄住下，这里虽然膳食住宿不需花钱，但暂时也没有薪酬。在这十里洋场的花花世界，到处都需要钱。刚到一周，二十多元就花光了，只剩下八个铜板，聂耳几天都不敢再动它了。聂耳的生活是非常节俭的，衣服自己洗，不敢进一次电影院，甚至不敢吃一餐午点或夜宵。仅到过一次"大世界"，还是云丰付的人情费。

其次是对这里的工作、生活都不习惯、不适应。8月21日，聂耳正式接到了昆明"云丰"商号的聘函，聘为驻上海的稽查员。上海的"云丰"申庄只有三个人，一个负责人，一个老店员，再加上聂耳。而工作却十分繁杂琐碎，每天都是提货、包装、邮寄、记账之类的工作，既乏味又辛苦。

初到上海的聂耳，生活上是艰苦的，精神上是寂寥的，他不能再像在昆明那样，与好友、同学一起畅谈、游玩。在寂寥中，他给家乡的亲人、友人写了许多信，特别是与女友袁春晖的书信来往更是多达上百封（抗日战争时期均毁于日本飞机对昆明的轰炸之中）。他想念家乡的亲人、友人，也更挂念热恋的女友。他在给好友张庚侯的信中也多次提到了他对故乡的思念之情。

"三人"我真挂念她，她的身体太弱了！时时病。你替她想一个休息的办法吧！你晓得我一听到她病，我是会失常态的不安，心猛烈地跳。这是我不敢对她讲，否则她要加病……

……

望你常给我信！常慰"三人"和家母！

（1930年10月30日致友人张庚侯的信）

"三人"自我走后的半年中，身体不健，常常患病，这是我心里一天都不忘记的事。你是我二哥，他是你的干孙女。我是离了乡，你们倒在故乡，所以她的不快，只有望你常常给她安慰，她的柔弱的身体，也只有望你常常照看，这是你应尽的责任，为了你的小信弟！

（1931 年 1 月 6 日致友人张庚侯的信）

然而，艰苦的环境、艰难的生活并没有使聂耳失去对理想的追求。他在 8 月 31 日给二哥聂子明的信中写道：

二哥：请你放心吧！我虽没有钱，这是无所谓的，我只希望我的生活能随我理想的有系统。现在我每天都在自修英、日文，但时间少，单烧火煮饭的时间就要占一大半，还要做所谓公事。不过我都尽量找时间，做自己的工夫。繁华的上海，藏污纳垢，您的弟弟早深深地感到。请您像以前一样的相信他，他决不会误入歧途的。

几个月后，"云丰"申庄除提供食宿外，每月还给聂耳发 15 元的津贴。收入虽微薄，但对于一贫如洗的聂耳来说，可以购买些必需的生活用品了。更重要的是，可以到书店买自己喜爱的书来读了。他到商务印书馆买来了《日语读本》《英语周刊》，又到群益书店买来了《英语小丛书》，并制订了学习计划，开始了专心致志地在喧杂的环境里的苦读生活。

聂耳除了自学英语、日语外，还大量阅读社会学书刊和文艺书籍。如《环球》《拓荒者》《读书月刊》等进步书刊和邱韵铎的《怎样研究西洋文学》等文艺理论书籍。他曾在日记中写下了许多阅读这些书刊的读后感：

看了《读书月刊》以后的一个总的感觉是兴奋和激起我的读书欲和创作欲。我希望它更充实起来，毫无畏缩地表示出我们的精神和态度，成为中国新兴文化运动唯一的导师。

而最让聂耳着迷和刻苦钻研的，依然是音乐艺术。

聂耳的好友廖伯民、张庾侯在昆明开办了一家逸乐电影院，常托熟人租片子去放映。聂耳到上海后，联系了明星影片公司和天一影片公司，并以全权代表的身份，签订了租片合同。聂耳收到了廖伯民、张庾侯两位汇来的代租影片的酬金100元。聂耳将一半汇给了慈爱的母亲，余下的买了一把廉价的小提琴和一些零件、一架"白郎宁"牌美国旧照相机。提琴虽然廉价，却是聂耳渴慕已久的，他开始如醉如痴地练习起来。1931年2月9日，他在日记中写道：

Violin自然是能使人心境舒畅，当我奏起那常常呼为《Dream》的乐曲时，虽然指头会痛，无弓法，无指法，也是够快活的了。若没有旁的事来烦扰，我是会不吃饭，不睡觉，不分早晚地练习下去。

聂耳酷爱小提琴，一方面是自身的音乐天赋使然，另一方面，他"是想尽量地练习出一些好听的歌曲，正如她现在所希望我的一样"。"她"，就是聂耳的女友袁春晖女士，聂耳是想用小提

△ 1931年3月12日，上海"云丰"申庄全体店员的合影（右为聂耳）

琴演奏出美妙的乐曲，给心爱的人听。虽然在昆明的时候，聂耳曾经向张庾侯学习过小提琴演奏技法。然而，练着练着，他觉得并不像自己想象的那样简单了：

　　可是一个好的歌曲的产生于 violin 是包含着有规律的弓法和指法的，并非具有那样一个笼统的观念。只尽管不规则地所谓尽量练习，好听的歌曲是绝对不会产生的。

一天，聂耳把丰子恺的《音乐入门》买来重读，才知道小提琴学习的困难和基本练习的重要。聂耳有些气馁了，"那时我的心仿佛沉到懊恼和失望的深渊里，再也不能将它振作起来。如此，那洋盒盒安静地放在我的枕旁多个礼拜，因为我是在那样不安地彷徨着"。

为了希望着的人们不致失望，聂耳最终还是顽强地坚持这训练：

不断地练习着，旧的指头硬结退去，加上了新的痛。手指分家地持弓，现在才把它合作起来。不曾用惯的小指，现在才学习运动。可怜！这些简单的方法论，素称与 violin 为三年之友的我，现在才算真实地知道一点，忍不住又要叫我说一声"可惜"！

功夫不负有心人，聂耳的小提琴演奏技巧，在不断的刻苦练习下，终于有了提高。

1931年2月16日，聂耳迎来了他到上海后的第一个除夕。但是，"云丰"申庄并没有放假，年三十晚的总结账，弄得聂耳头昏眼花，不是报账念错，便是"角"字少一笔，弄得大家都愁眉不展。年夜饭只是比平时多一个连壳蒸的鸡蛋，疲倦不堪的聂耳在睡觉前，写了一首打油诗，度过了他在上海的第一个"年"。

两盘两碗过新年，

大口大气自开心！

分明是豆"芽"菜，"干"豆腐；

却以为壮"板鸭"，炒椒"肝"。

除夕夜下了场雪，聂耳本打算用刚买来的廉价的照相机，记录下上海的春节景象。可是，一连几天，天气又冷又阴沉沉的。实在忍不住了，随便拍了几张，拿到了南京路上的永安公司照相部去冲洗。聂耳还自认为，虽然拍摄的效果不会好，但是都相当有意义，特别是他临时命名为"归宿"的那张。过了几天去取相片时，店员们都不约而同地向他冷笑。聂耳心中惴惴，以为一定是什么都没有照上。等到他从货柜上拿走照片袋时，店员们的哄笑声更大了。聂耳回家逐一审查后，才明白，照片都成像了，虽然效果不佳，而店员们嘲笑的是他那张所谓"归宿"的两口棺材的照片，这也是他们特别不洗的原因。聂耳记住了这一教训，并总结了六条拍摄技巧。此后，他的摄影水平有了很大提高。

"云丰"只是四个股东集申洋两千元左右的一个小商店，营业项目仅仅是从昆明汇款到上海，由申庄购买"大联珠"烟寄回昆明销售，盈利的手段是靠巧妙的方法把特捐瞒过，实质就是逃税。1931年3月，"云丰"商号逃税的事在昆明被查获，并处以了高额罚款，上海的申庄也歇业了。

聂耳的"饭碗"也失去了。是回去，还是找别的事做，19岁的聂耳面临着生存的挑战。

音乐歌舞学校

（19 岁）

聂耳并不打算回云南，然而一想到将来生活的窘迫，他甚至计划去南京入军官学校，虽然并不喜欢，却着实可以混一混饭吃。正当聂耳徘徊、犹豫的时候，他在报上看到了一则上海联华影业公司音乐歌舞学校的招生启事，招歌舞组女生三名，音乐组男生三名。1931 年 3 月 28 日，聂耳抱着试一试的态度，以笔名"聂紫艺"报了名，并被准予投考。此时聂耳正生着病，为了准备考试，从同乡处找了点药吃，每天坚持小提琴的演奏练习。

联华影业公司全称为联华影业制片印刷有限公司，1929 年由罗明佑的华北电影有限公司与几家大的电影公司合并而成。总管理处在香港，上海设分理处，北平设分厂。创始人、总经理罗明佑出身于富贵之家，凭借

着家族在政、商两界的雄厚实力，以及自身的商业才能，他创立的专事影院经营的华北公司在短短两年之内创建或收购了二十余家影院，形成了以北京、天津为中心、完全覆盖北方五省的电影发行放映网，并与上海、广州的影院公司建立联络，一举成为当时国内最大的影院托拉斯。

音乐歌舞学校，是由黎锦晖创办的明月歌剧社，于1931年并入联华影业公司而组成的。黎锦晖为中国儿童歌舞剧的创始人，中国流行音乐的创始人。1927年，他创办了中国第一所训练歌舞人才的学校——中华歌舞专科学校，后又组建中华歌舞团。1929年在上海组建"明月歌舞剧社"，"明月社"于1930年北上，先后在北平、华北、东北等地巡回演出，获得重大成功。1931年3月，黎锦晖开始与联华影业公司洽谈,将"明月社"改组为该公司旗下的音乐歌舞学校，并登报招考演员和乐队队员。

3月31日，聂耳看了电影《歌女红牡丹》后，便早早地睡下了。因为明天，他将参加一场一生中最重要的考试。他在4月1日的日记中记录下了这场考试的紧张情景：

睡眠果真足够了，一吃过饭我便准备出发。

到那里才刚刚一点钟，本来定的时间是二点十八分。黎锦晖进来了，他给我们很客气地打了招呼，进了主任办公室。

"你到上海好久了？"这是他的第一句问话。

他给一个C调十六分音符的极高音部练习，因为太慌，错的错，落的落，终于没有奏完。接着是一个^bB调的四拍简谱曲，又打了钢琴，他说有希望。

"有希望"，聂耳也看到了自己的希望所在。若能被录取，不仅解决了就业问题，而且从此就能从事自己喜爱的音乐事业了。聂耳开始焦急地等待通知复试的信的到来，第一天等得心焦，第二天一起床就下去看，到门口翘盼信差的到来……可是，直到吃早饭都没有动静。

等得焦虑不安的聂耳，终于陆续收到了通知复试的信和乐谱。他开始整日整夜地练习，连日记都顾不上写了。4月8日，参加复试的集体演奏后，聂耳终于被录取为联华影业公司音乐歌舞学校的练习生。4月22日，聂耳搬进了学校，从此"生活终于改换了","简直和以前两样了"。学校的宿舍不到 20 平方米，住了七八个人，聂耳与同寝室又同龄的乐队首席小提琴师王人艺建立了深厚的感情，他虚心求教，称王人艺为"小老师"。

5 月中旬，聂耳随明月歌剧社去南京演出，接连演了一个星期，第一天还满座，之后观众就逐渐减少了。在南京，无论年龄大小，那些年轻的女演员都叫聂耳为小弟弟，聂耳也谁都叫姐姐。在演出期间，聂耳抽空游览了中山陵，在孙中山墓前敬了礼。演出结束后，王人路兄妹三人、徐漂萍、胡笳拉了"小弟弟"聂耳挤上汽车，游览了后湖。一天清早，聂耳也邀请了韩国美、张静、白丽珠、陈情、于知乐等女演员，到鼓楼公园照相。年轻人在一起，大家都玩得很开心。

回到上海后，聂耳整天忙于学习音乐知识，学习拉小提琴，以至于连写日记的兴趣都没了。6 月 29 日的晚上，聂耳决意再把做日记的习惯养起来，却被蚊子折腾了一夜，他想明天一定要设法买个蚊帐。第二天，他当了自己的夹衫换了四个银元。跑了几家商铺，可这点钱却连蚊帐的三分之一都买不下来。回来后，继续排演黎锦晖编导的歌舞剧《公园》。这个剧演出后，就要与学员签订正式合同了。大家虽然很卖力，但效果并不好。当晚，聂耳收到了三封信。一封是李家珍寄来的，两封是心爱的女友袁春晖寄来的。袁春晖在信中鼓励聂耳要做一个"不平凡"的人，很巧合的是，她也希望聂耳："你为我要做起日记来。"聂耳连夜写了回信，他怕袁春晖会等得痛苦。次日早晨，聂耳送信经过教室时，遇到了胡笳，她一面上楼，一面要聂耳拿信给她看，

△ 1931年5月聂耳与王人美在南京鼓楼旅馆门口

还笑着说：“哈！你的情人吗？”她的笑声一直把聂耳送到大门外。

排演紧张地进行着，大家都感觉很疲劳。7月3日《公园》正式开演，这是聂耳离开昆明后的第一次登台。由于都是新学员，心情紧张，歌舞剧的表演很不整齐，演出效果欠佳。演出很辛苦，每天要表演三场，连续表演四天。正值酷热的天气，演出结束后，大家都无精打采的。得到的报酬也很少，聂耳觉得“资本家的剥削，着实是无微不至啊！”

联华影业公司正在拍一部电影《银汉双星》，是根据著名作家张恨水的小说改编的，主演是影星金焰、紫罗兰。其中用蜡盘收音的方法，穿插了一些音乐和歌唱。电影的游艺会一节需要明月歌舞剧社的演员参加，剧社准备了《努力》和《蝴蝶姑娘》到光华戏院拍影片。聂耳作为乐队演奏者的一员（后来成为领奏者），也参加了拍摄。这次拍片经历，让聂耳懂得了拍电影的艰辛：从早上十点开始，一直到下午五点才回来，而实际拍的时间仅五分钟。那些临时演员，一会儿被叫上楼，一会儿又被叫下来，聂耳看着觉得很有趣。

8月24日是联华影业公司总经理罗明佑的生日，要举办一个联欢会。因为事先没有通知歌舞班，是临时通知，都没有准备，女孩子们都不愿意去跳舞。大家一致推荐聂耳去表演节目，并纷纷出主意。聂耳很有信心，觉得这是一次表现自己的机会。在联欢会上，歌舞班推出的节目是"聂耳博士讲演"，聂耳的"讲演"受到了极大的欢迎。"有英文、法文、日文、口琴、上海话、广东话的表演；有京调、英、日的清歌；有中西合璧的妙舞"，其中最精彩的要算是学紫罗兰（当时也参加了联欢会）的埃及舞和收场时的猪叫。聂耳得到了一盒精美的饼干，导演孙瑜特别和聂耳握了手，金焰也拉着聂耳到俱乐部里坐了一会儿。

聂耳报考音乐歌舞学校时，用的是聂紫艺的名字，起初大家还用这个名字称呼他。他喜欢学别人的腔调，又爱逗那些活泼的女孩子，因此，他一学嘴，女生就笑骂他"耳朵"。他的耳朵能上下前后地任意摆动，加上滑稽的表演，常常引得大家哄堂大笑。"聂"字已经是两只耳朵了，大家又都叫他"耳朵"，所以，从此以后，聂紫艺就正式改名为聂耳了——三只耳朵的意思。

聂耳的"小老师"王人艺要离开上海去北平学琴和养病。

临走前，王人艺给聂耳演奏了一段匈牙利小提琴家德尔拉作曲的《纪念曲》，并把自己的乐谱拿出来，为聂耳画了弹奏的指法。聂耳感动得要哭了，他为"小老师"弹了一曲《送别》。8 月 26日，聂耳陪王人艺到黎锦晖处辞行后，帮着收拾好行装，送"小老师"去火车站。目送着王人艺上了火车，汽笛鸣起，聂耳真有些恋恋不舍。和王人艺相处虽然只有几个月的时间，聂耳已经对这位和自己同龄的对音乐艺术有着共同追求的'小老师"，产生了深厚的情感。

9 月 5 日，明月歌剧社与上海联华影业公司正式签订协议，全体人员改组为该公司的音乐歌舞学校。聂耳正式地成为了"联华"的职员，替代王人艺成为第一小提琴手。聂耳却高兴不起来，他的薪水只有25元，而和他一同进来的黑先生是40元，比他早进来的演员严华却只有22元,聂耳对这种不公平的分配很不满意。不过，最急切的问题，是要尽快找到提琴教师。

9月22日是中华书局成立二十周年的纪念日，歌舞学校的演员们被邀请去在纪念大会上表演歌舞。由于准备的不充分，聂耳演奏的《三蝴蝶》的高音部分处理得很勉强，当场遭到了黎锦晖的七弟黎锦光的指责,聂耳很难为情。纪念活动结束后，回到住处已经晚上十点钟了。大家兴致未减，约聂耳去看电影，聂耳心里难过，拒绝了。他内心很矛盾，越想越烦恼。最后还是想通了，批评能够刺激自己进步。

自己一个人再练下去，可能错误会越来越多。聂耳按照王人艺走前留下的地址，找到了王人艺曾求教过的外籍教师普杜什卡。普杜什卡更正了聂耳的指法、弓法和姿势上的错误，并留了好多练习。此后,聂耳每周一次去普杜什卡那里学习小提琴。但每次3元的学费，令聂耳又当了好多东西。聂耳学得很刻苦，没事时甚至整天都练琴。功夫不负有心人，聂耳的小提琴演奏水平有了极大的提高，得到了这位外籍老师的赞赏。后来普杜什卡给聂耳免了学费，还借给聂耳一把好弓。

9月18日，日本侵占了我国的东北。聂耳在报纸上看到这一消息后，心里很不好受。他在日记中写道：

日帝国主义的侵略，全是有准备、有计划的，报纸上还说什么"……不过是下级警民的冲突，日政府对中国是没有一点敌意

的"。他妈的！这种不可隐蔽的事，你到如今还要欺骗人！（1931 年 9 月 21 日日记）

狗屁"国联"说什么"不要扩大中日事态"，"望两方同时撤兵"。他妈的！这叫什么话？领土被占，华军步步退让，所谓两方同时撤兵如何撤法？（1931 年 9 月 24 日日记）

上海各界都纷纷成立了抗日救国会，联华影业公司也成立了"联华同人抗日救国会"。然而，在成立大会上，主持人的报告既冗长又脱离主题。更糟糕的是，有些发言的人为博得女士们的欢笑，竟然发表最无聊的意见。聂耳非常气愤，他在

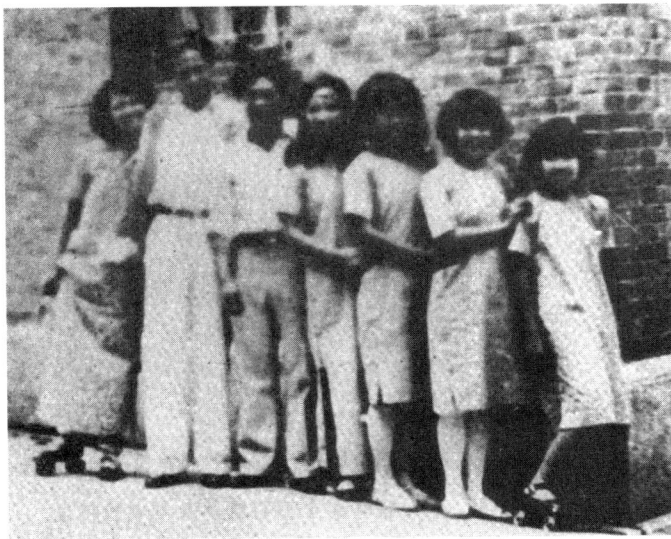

△ 1931年摄于联华歌舞班住处的弄堂口。左起为黎莉莉、黎景光、聂耳、王人美、黎明健、陈情、于知乐。

当天的日记中指责说：“这样一个严肃、感慨的会，哪里能容你做些浪漫的行动？”

"拉琴的时候多，爱国运动也紧张。"九·一八后，聂耳就是在苦练小提琴和积极参加爱国义演中度过的。10月28日，在能容纳两千人的黄金剧场，联华同人抗日救国团的募捐义演开始了。让聂耳出乎意料的是，居然座无虚席。募捐所得，都捐入了抗日爱国团。聂耳的小提琴表演水平也有了很大的提高，在演出中也出了点风头。第二天，年轻的女演员们见了聂耳，都拍手祝贺他。当晚的演出也是满座，聂耳演奏得也更加起劲了。义演连续演了五天，每晚一场，场场满座。

最后一场义演演出结束后，聂耳受了风寒，由于每天还得坚持练琴的功课，感觉很难受。经济上也更加窘迫，该当的都当了，连给袁春晖寄信的邮票都买不起了。天气寒冷，他很想赎回在当铺里的冬衣。无奈下，聂耳做了一件令自己素来所讨厌、所鄙视的事——向资本家乞怜。他去求总经理罗明佑，请求酌情给一点津贴。罗经理虽表示同情，却没答应，而是说他会关注此事。聂耳觉得资本家的面孔都是铁铸似的无情。十几天过去了，虽发了薪水，但还了债后，只剩五角钱了。津贴的事，聂耳不再指望了。又过了几天，公司负责人让聂耳到管理处去一趟。聂耳和负责人谈了一个多钟头，结果，从十二月份起加薪。聂耳高兴得都说不出话了。

1931年的最后一天夜里，聂耳给女友袁春晖写了信，报告了自己明年的计划：

1.多看英文书和社会科学书。

2.努力作剧本和作曲的工作。（1931年12月31日日记）

聂耳还计划在明年要把钢琴练好，他设想即使将来不能做音乐家，回到家乡去当一名音乐教员，也不能不会弹奏钢琴。

聂耳回忆这一年中，生活最充实的是下半年。他对自己在音乐知识和演奏技巧上的进步也很满意。

"明天！一切都是新的开始，不倦地保持着，努力地往前跑吧！"

聂耳在当天的日记的最后，憧憬着未来。

→ "黑天使"

★★★★★

（20岁）

聂耳一直坚持着小提琴的训练，只要一有空就拉基练、调子，演奏技巧有了很大的进步。有时，聂耳也吹吹口琴，放松一下自己。

他吹口琴时，经常即兴发挥，觉得很好听，但始终没有记录过。1932年1月8日这天，聂耳将自己即兴创作的口琴曲记录了下来，从此，聂耳对作曲越来越感兴趣了。他甚至认为这是"取不完的作曲资料"，今后吹口琴前，一定要把纸笔准备好。也是这一天，聂耳看到了一本《戏剧与音乐》的创刊号，他"觉得很满意，它是站在大众文化立场说话的。着实，现在我必须要这个来指导一下对音乐正当的出路，不然，自己想着有时的思想居然和社会、时代冲突起来，这是多么的危险啊！"

1月26日，到北平学琴的聂耳的"小老师"王人艺回来了，旧友相见，谈叙旧话，开心而又高兴。王人艺给聂耳讲述在清华大学独奏的经历，聂耳又得到不少见识。

九·一八事变后，日本关东军为掩护炮制伪满洲国傀儡政府的阴谋，在上海制造事端，以保护日本侨民为借口，于1932年1月28日晚，突袭闸北，攻占天通庵车站和上海火车北站。上海军民义愤填膺，担负沪宁地区卫戍任务的第十九路军，在总指挥蒋光鼐、军长蔡廷锴指挥下奋起抗战。连续击败日军进攻，使敌三易主将，数次增兵，死伤逾万，受到沉重打击。但政府当局妥协退让，不继派援兵，守军寡不敌众，防线终被日军从翼侧突破，被迫于3月1日撤退，日军随即占领了上海。后在英、美、法、意等国调停下，中日双方经谈判，5月5日中国政府与日本签订丧权辱国的《淞沪停战协定》。不久，国民党政府将英勇抗战的第十九路军调往福建"剿共"。

联华影业公司的摄影队连日到战区去拍摄新闻，聂耳几次

△ 1932年"一·二八"战事时，聂耳偷拍的日本军舰。

要求同去，都被拒绝了。于是，聂耳决定带上自己的相机到战地去拍一点东西。他在黄浦滩前，拍了几张日本的军舰，却被路过的日本兵用手枪逼着交出了底片。日本兵走后，聂耳重新换上胶卷，继续拍照。回来后，聂耳将这次经历写成《一个冒险的摄影故事——"一·二八的回忆"》一文（后刊登在 1934 年 2 月 15 日《电影画报》第八期上）。

面对天空中盘旋的日本飞机和持续不断的枪炮声，面对街道上逃难的人群，聂耳对自己要走的人生道路开始了反思：是为艺术而艺术，还是用艺术唤醒劳苦大众？他在 2 月 7 日的日记中写道：

"怎样去作革命的音乐？"整天地在想，终

没有想到一个具体的计划。

所谓 classic（古典），不是有闲阶级的玩意吗？一天花几个钟头苦练基本练习，几年、几十年后成为一个 violinist（小提琴家）又怎样？你演奏一曲贝多芬的《Sonata》（《奏鸣曲》）能够兴奋起、可以鼓动起劳苦群众的情绪吗？

不对，此路不通！早些醒悟吧！你从前是怎样的思想？现在居然如此之反动！

照世界现在的情势，你想给你很顺利地每天拉基本练习吗？像此刻的混战，简直不能安心地工作，以后不知还有如何厉害的转变？

受战争的影响，联华影业公司决定裁员。3月2日，也就是十九路军撤退的当天，聂耳听到一个意外的消息：公司关闭！大家在黎锦晖家讨论了好久，最后决定要求公司履行合同，赔偿六个月的薪水。

次日，公司方面的回复是："公司是无条件地辞退'歌舞班！'"聂耳等人听了十分气愤，认为这是公司无理的威胁。

3月5日上午，"歌舞班"召开了全体会议，聂耳被推为主席。大家团结一致，态度坚决，准备用团体名义向公司交涉。

聂耳主持召开了多次全体会议，也与公司方面进行了多次交涉。最后，公司同意发放两千元的遣散费，一切服装、乐器、道具等仍为团体所有。3月24日，签了解散"联华歌舞班"的正式通告，3月30日，又正式恢复了上海明月歌剧社。明月歌剧社实行"执委制"，推选出十一位执行委员，聂耳也是其中之一，并负责音乐研究股。

然而，聂耳对剧社未来的前景感到很模糊，时而觉得似乎非常光明，时而又觉得前途暗淡。为了今后出路，4月21日，聂耳拜访了左翼电影工作者周伯勋，就音乐、戏剧、电影的问题，彼此谈了各自的见解。聂耳知道周伯勋是陕西人后，便向他了解西安的教育情形。周伯勋马上抢着说那里正缺乏音乐教员，并表示可以帮忙介绍。聂耳又托周伯勋约田汉明晨晤谈。

会面的情形，据田汉后来回忆说："聂耳是一个有音乐才能的青年，更难得的他是一个爱国者。他参加了当时党的群众组织上海反帝大同盟，在沪东区工作得很积极。他对我低低地但很热情地谈到他到上海前后的不平凡的奋斗经历，谈到他的一些政治见解和艺术见解。他痛恨国民党统治，对当时音乐界的颓靡消沉，也深感不满。他是那样地仰慕党、寻求党。他说他决心很好地学习，把他的才能贡献给党。"

聂耳对明月歌剧社越来越失望了，特别是5月份到南京、武汉公演后。

4月30日晚，聂耳随明月歌剧社从上海出发，乘船沿长江溯流而上，到南京、武汉公演。5月4日在南京首场公演的《芭蕉叶上诗》，简直

▷ 聂耳与明月歌
剧社演员黎明健、
白丽珠（中）合影

不成东西。剧情结构模糊，音乐配合不当，对话
也是乱七八糟。接连几天的演出更加糟糕，场内
纸片满天飞，观众嘘声一片。从 5 月 14 日开始到
29 日，在武汉的公演，甚至遭到了退票的威胁。
每天连演三场，演员们都很疲惫，演出质量可想
而知。武汉艺术学会写信批评明月歌剧社演出的
歌舞是"东拉西扯的黑幕"，报纸上批评的缺点，
令聂耳等连半点的反驳余地都没有。此时的聂耳
也开始反思自己这一年多的生活，他在 5 月 16 日
的日记中写道：

　　算是在这里面鬼混了一年多了。在这么容易

混的这一短时间中，音乐算是学得一点，但是对于音乐外的一切学科已经是大退而特退步了。

6月2日，歌剧社的演出人员返回了上海。影星金焰在《电影时报》发表了一篇《献在爱好我的观众之前》的文章。在该文中，他指出中国电影唯一的出路，是要打消对帝国主义、资产阶级的幻想，集中力量来打倒帝国主义。聂耳看到后，很受启发，激起了他的发表欲。

因为听说蔡楚生正预备拍一部下流的东西，聂耳感到意外。6月27日晚，聂耳以"黑天使"的笔名写了一篇题为《下流》的文章，发表在1932年7月8日上海《电影艺术》第一期上。他在文章中表达了对劳苦大众的同情：

所谓"下流"，当然是站在资产阶级的道德立场决定的"下流"。劳苦群众为了肚子吃不饱而做非法举动，失业者因为没有饭吃而做强盗，当土匪，站在四马路拉人……无疑地，便是他们认为的"下流"。

蔡楚生找到聂耳，进行了解释，并就正要拍的《都会的早晨》的主题和故事，与聂耳探讨。此后，两人还成为了好朋友，蔡楚生后来还拍出了《一江春水向东流》这样不朽的作品。

7月7日，聂耳以笔名"黑天使"写了《和〈人道〉的导演者的对话》的批评文章（发表于7月15日的上海《电影艺术》第二期上），批评了该片的导演卜万苍在影片中宣传的顺天由命的思想。

7月13日，聂耳又以"黑天使"为笔名，在上海《时报》副刊"电影时报"上发表了一篇评《黎锦晖〈芭蕉叶上诗〉》的文章。歌舞剧《芭蕉叶上诗》在南京公演时很不成功，现在黎锦晖又要将之改编成有声电影，聂耳很担心是否能达到黎锦晖自己所设定的彰显民众疾苦的"纯正目标"。

7月14日，聂耳以"蓝天使"为笔名，又在上海《时报》副刊"电影时报"上发表了一篇题为《对教育电影协会随便谈谈问问》的文章。针对国民党政府试图管制电影业这一情形，聂耳在文章中指出：

帝国主义对中国的文化侵略，使人不自觉地加紧地袭来，它们可以把握中国的文化机关，助长统治阶级的压迫新兴文化运动的进展。切实地说到电影，它们尽量地输送资本主义没落期的、享乐的、销魂诱媚的香甜影片，送到那些有闲的老爷、太太、少爷、小姐们的眼眶里，同时，拼命地投资，想造出中国电影的托拉斯，建设中国电影的好莱坞，使得中国的电影除了能造出几张武侠神怪、洋化恋爱的片子以外，再也没有一点力量给劳苦大众做半点不平的呼应。

7月22日，聂耳又以"黑天使"为笔名，在上海《电影艺术》第三期上，发表了一篇题为《中国歌舞短论》的文章。在文章中，他批评了黎锦晖的"香艳肉麻"的歌舞，"根本莫想踏上艺术之途！"他指出：

黎锦晖的作品当中，并非全是一塌糊涂。有的却带着反封建的元素，也有的描写出片面的贫富阶级悬殊；然而，我们所需要的不是软豆腐，而是真刀真枪的硬功夫！你想，资本家住在高楼大厦大享其福，工人们汗水淋漓地在机械下暗哭，我们应该取怎样的手段去寻求一个劳苦大众的救主？！

黎锦晖是中国儿童歌舞音乐的创始人，是中国流行音乐的奠基者，也是聂耳在作曲上的指导老师。在音乐教育方面，黎锦晖给予过聂耳很大的帮助，聂耳也非常尊敬这位明月歌剧社的创办者。然而，在民族存亡的危急关头，黎锦晖仍然追求"为歌舞而歌舞"，为追求票房价值而迎合一些低俗的趣味。为此，聂耳感到忧虑，才发表文章提出批评，并希望黎锦晖"要向那群众深入，在这里面，你将有新鲜的材料，创造出新的艺术"（《中国歌舞短论》）。

"黑天使"的这些文章发表后，在明月歌剧社引起了轩然大波。黎莉莉也写了反驳文章（经黎锦晖修改），因担心不能刊登，还请聂耳担保。歌剧社的同仁都对这些文章感到不理解，聂耳也觉得是应该"坦白"的时候了。

7月30日午饭后，聂耳来到黎锦晖家中。二人先谈了歌剧社的一些琐事后，聂耳问黎锦晖看过那篇文章没有，黎锦晖说那是没有十分了解情况的人写的，内容"简直不对"。所谓"香艳肉感"，实在是不得不适应一下社会。等到黎锦晖不再继续谴责了，聂耳说："我坦白地和你说，那篇文字是我写的。所谓油腔滑调是不应该，但它的原意并不坏。"

黎锦晖表现得很大度，一面接受，一面解释他不革命的苦衷。之后谈了一些"明月社"将来的发展问题，似乎接受了聂耳的意见。

过了两天，黎锦光写了一封质问"黑天使"的信，全体男演员都围着看信，都对黎锦晖表示同情，对聂耳说话时却带着刺。聂耳知道"黑天使"的问题扩大了，大家也知道了自己就是"黑天使"。聂耳索性问黎锦光：

"你给黑天使的信发了没有？"

"没有邮票！"黎锦光回答。

"不要麻烦了吧！请交给我，我就是黑天使！"聂耳回答。黎锦光表情不自然起来，聂耳接着说："你未必还不放心我吗？我定会交给编辑先生呢！"黎锦光听了这话，才将质问的信交给了聂耳，两人也随即就批评文章的观点争论起来。

8月5日午后，明月歌剧社召开了关于"黑天使"问题的全体大会，会议请聂耳退席。会后，黎锦晖约聂耳谈话。第二天，聂耳决定到北平一转，在家收拾好行李后，来到了黎锦晖家，表明了要离开明月社的意愿。

8月7日早6点，聂耳收拾了行囊，白丽珠等女演员已起床了，空气异常惨淡。聂耳告别了这些小姐妹们，乘船离开了上海。

8月10日，明月歌剧社在《时报》刊登了启事：

前本社社员聂紫艺君，兹因故退出本社，以后所有聂紫艺君对外一切言语行动，与本社无关。特此声明。

北平漂泊

（1932）

➡ 北平三个月

（20岁）

　　船在海上航行了三天三夜后，于8月10日晚抵达大沽口。聂耳经塘沽、天津，于8月11日中午到达北平。他住在了宣武门外校场头条3号云南会馆的1号房间里。相邻的一间住的是聂耳在昆明就认识的陆万美，时为北平左翼作家联盟的负责人之一。在会馆门口，聂耳遇到了在昆明时的学友许强、陈钟沪夫妇和陈钟沪的表姐李纯一，他们热情地接待了聂耳。

　　初到北平，聂耳和同乡好友们先后游览了中南海公园、北海公园、万牲园（今北京动物园）、颐和园、香山等风景区。大家在一起讲故事、弹琴，喝汽水，吃冰淇淋、水豆腐、大油馄饨，聂耳很开心。然而，自认"我的身体是强壮的"聂耳，来北平十几天后，

△ 聂耳在北平的住处（宣武门外校场头条3号）

却感染了痢疾。吃泻油、吃中药，都不见效。只好到北京医院打针、洗肠子，折腾了十来天才渐渐恢复。聂耳觉得"腿也软了，瘦得只剩一架骨子"，自己"那些肥肉不知跑到哪去了"。

9月7日，是清华大学新生入学的日子。聂耳到天津的时候，就念叨着"去清华"。上午8点，聂耳在张福华等好友的陪同下，赶往清华校园。学校的门口挂着"欢迎新同学"的大字，男女招待员守在门口迎接。学校的建筑全是欧化的洋式风格，图书馆、大礼堂特别漂亮。新生签名后的头一关是到医院进行体检，然后再进入一个宏大的体育馆，这里是新生们人人必经的难关，有比马戏、狗戏更新奇的人戏。聂耳他们进入了体育馆，周围围满了看热闹的老生。新生们被要求爬单绳、趴在地上用鼻子顶皮球、从水桶里咬苹果、蒙了眼睛猜方向等好多游戏，聂耳觉得"这种表演却是拿钱都买不着看"的。

清华的环境令聂耳羡慕，一时思潮起伏，追忆起学校生活的乐趣来。他幻想着自己若是清华的学生，将会自由地跑到大礼堂去练习音乐，到图书馆去读书，到运动场去打球……

他还想到若是进了平大艺院，重新再过学生生活，若是还能参加清华的乐队演奏，将是何等的悠闲！

不知不觉，夜幕降临了。在夜幕里徘徊于清华园中，蝉声在唱着她的离别之歌，聂耳发现自己的思绪又回到了考学校的玄想中。

第二天，张福华又陪聂耳参观了燕京大学，感觉"到底没有清华讲究"。

对于考学，聂耳毫无把握。但拉起小提琴的基练来，肚子也不知道饿了。9月11日早上，聂耳拉了很长时间的基练，温习了手指练习后，突然想今天该去拜访北平当时著名的俄国小提琴教师托诺夫。聂耳的"小老师"王人艺在北平期间曾经和这位老师学习过。聂耳问了好几个外国人才找到托诺夫的家，不巧主人没在。聂耳与接待的人约好的下午6时再访时，托诺夫还没回来，就又约了次日上午10时。晚上回来时，聂耳收到了女友袁春晖的信，她误解了聂耳，以为聂耳想做电影明星，她在信中希望聂耳能进一所国立大学。聂耳给袁春晖写了封长信，向她解释了电影运动的意义和自己对电影运动的观点。

次日，聂耳如约去拜访了托诺夫。托诺夫鼓动聂耳考清华，主张拉曲子，并邀约聂耳礼拜六带着琴和琴谱来试一试。

聂耳听从了女友和好友关于考学的建议，于9月13日报考了国立北平大学艺术学院。然而，明天就要考试了，聂耳却什么也没准备。

9月14日早晨，聂耳临时借了毛笔、墨盒，赶到考场时，已经有很多人挤在了走廊和各教室门口，一堆堆、一团团地都在谈论着考试的话题。考试的铃声响了，聂耳是104号。考场的座位是单行的，以防偷看。教台上摆着一块大牌子，上面写着严厉的投考规则。考试的内容包括党义试题、国文试题和数学试题。最令人头疼的数学试题共六道，聂耳觉得自己的运气很好，似乎做对了四道半。

聂耳对于能否考取艺术学院并没抱太高的期望。9月17日是星期六，聂耳遵照托诺夫的要求，准时来到他的家里，一位托诺夫的高足（清华学生）还没有下课。

教师先叫聂耳拉音阶练习,然后问聂耳《马札斯》练得怎样。聂耳回答说第一本已练完。他要求聂耳拉第二本的《连弓练习曲》和第七把位的指法练习给他看,调子拉了《莫斯科的回忆》《吉卜赛之歌》《小步舞曲》,托诺夫非常满意。他指出聂耳的左手很好,右手是德国的老派持法,现在小提琴家都不是这样的持法了。他让聂耳把食指移进来,更多地握着弓。

托诺夫对聂耳说,上课要像赴演奏会一样的庄严,到了课堂,从开始演奏到结束,不应当有丝毫错误。所以,自己平时要多练习。聂耳也觉得这正是自己的毛病,一定要在这位严厉的新教员面前纠正过来。纠正的办法,就是在家要注意小节练习,闲时别乱拉,到课堂交功课,不能有半点错。

9月18日,是日本侵占东北三省一周年。上午聂耳和许多进步青年一道,去天安门参加市民大会,谴责日本帝国主义侵华罪行。但街上戒备森严,天安门附近的军警更多,紫禁城的城门也紧紧地关闭着。聂耳和集会的民众都知道,这次集会又将被当局"压迫着解散了"。

这一天,也是聂耳倍感失落的一天。艺术学院出榜了,聂耳落第了。虽然当初并未抱大的期望,但失败的滋味必定不好受,聂耳在想着是否应回上海。

聂耳向托诺夫交了学费后,开始拼命地练琴。功夫不负有心人,聂耳的第一个功课得到了老师的夸奖,托诺夫非常满意,说"他顶欢喜这样的学生"。

聂耳也暗自高兴,他想,如果从现在开始连续三个礼拜都不出错的话，他便好开口，求托诺夫免除学费。聂耳以此来鼓励自己刻苦练琴，有时从早上8点一直练到下午4点。

9月21日，聂耳正在写信，有位姓李的人来访，他的名片上印有《戏剧与电影》通讯社记者的头衔，说是上海赵某介绍的。他送给聂耳一份《戏剧新闻》，并向聂耳约稿，要求写点有关上海电影界的系统记载。

当天聂耳到第三院观看"苞莉芭剧社"排演高尔基的《夜店》，从此认识了很多北平左翼戏剧家联盟的成员。后来他也参加了北平左翼音乐家联盟的筹建工作，草拟组织大纲、召开筹备会等，主要都是聂耳主持。

两天后，聂耳完成了《上海的电影界》的稿子，亲自到第三院交给了宋之的。宋之的正在写稿，寝室里堆满了日文、俄文的书。聂耳看到宋之的读书能下苦功，很感动，觉得自己很浅薄。他在当天（9月23日）的日记中写道：

在音乐上，最近又忽略了作曲这一工作，关于革命音乐理论的写作，也要同样地注意。

第一步工作：收集云南山歌、小调，并创作歌曲。

不知不觉地，聂耳在北平生活了两个月了，

生活却仍然动荡着。天气渐渐冷了起来，聂耳的冬衣还摆在上海的当铺里，今年的冬天怎么过去呢？他很想去日本，去那里考察音乐、戏剧，但是经济上是无法实现的。如果留在北平，固然可以继续向托诺夫这样难得的好教授学习小提琴，但生活费、学费却没有着落。分析来分析去，聂耳觉得，只有回上海最现实。在上海能有收入，有现成的免费教师，还有加入乐队的希望，上海的生活也比北平紧张、生动。

能免费学琴只是聂耳自己的梦想，即使真能免费，生活费又有谁供给呢？聂耳学提琴的计划只好终止。10月15日聂耳到托诺夫那儿去退学，谎称云南老家有事情，此后的生活费和学费都成大问题，要请假一个月回去看看。托诺夫表情忧郁地说："啊！对于你的功课上这是一个顶大的障碍，你是一个顶聪明的孩子，你将来的提琴会拉得不错的。"

托诺夫惋惜之余，还为聂耳指定了一个月的功课练习。

聂耳曾经写信向上海的朋友借钱，准备去日本，却没有得到支持，只有回上海工作这一途径了。聂耳想，回到上海，马上加入"联华"工作，以每月所得，先把这些旧账偿清，再作出国的打算。

10月28日，"清华"毕业同学会在"清华"礼堂开义勇军募捐游艺会，北平左翼音乐家联盟演出了《战友》《S.O.S.》《一九三二年的月光曲》《乱钟》等四部剧目，聂耳负责音乐，并用小提琴独奏了无产阶级的战歌《国际歌》。

11月5日，北平迎来了入冬以来的第一场雪。下雪了，多美

△ 聂耳（后左）与许强、李纯一（前左）、陈钟沪合影

啊！聂耳很兴奋，觉得这场雪是在预祝自己在北平第一次演出的成功，也是欢送自己明天离开北平。气温已降到零度以下，聂耳穿着从许强那儿借来的毛背心、大衣、便帽，赶到平大俄文商学院，参加在那里举行的纪念苏联十月革命的庆祝会。北平左翼音乐家联盟排演的独幕话剧《血衣》将在这里上演，聂耳扮演剧中的一位老工人。一出场，台下的同乡便热情地喊"小四狗！"

演出很成功。因为天气冷，随便钻到哪儿都

是冷，所以聂耳在台上起立时直发抖，而这恰恰是剧情所需要的。下了舞台，还没等剧演完，聂耳就连夜赶回家收拾行李了。

11月6日下午3点50分,聂耳来到了火车站,告别了北平三个月的生活。

送行的还不少，有几个很像要流泪的样儿，想不到他们会对我如此好！

聂耳在当天的日记中恋恋不舍地记下了这最后别离的场面。

返沪的旅费是许强、陈钟沪夫妇赞助的，聂耳在心中深深地感谢着他们。

上海影界

（1932—1935）

→ 开创新兴音乐

★★★★★
（20-22 岁）

1932 年 11 月 8 日，聂耳回到了上海，暂时在金焰的住处住了下来，金焰很愿意聂耳到联华影业公司一起干。

回到上海的第三天，聂耳就冒雨到田汉的住处，找到联系人，转交了北平剧联的信。信中介绍了聂耳在北平期间的表现，并建议吸收聂耳入党。当时上海的左翼文艺运动正蓬勃发展，剧联的电影小组成立后，急需更多的进步文艺工作者投入电影战线。在田汉等人的帮助下，聂耳于 11 月 26 日正式进入了联华影业公司，最初被安排在一厂，为正在拍摄的影片《除夕》作场记，月薪 25 元（后又陆续加薪到 28 元、30 元）。从此聂耳进入了上海的电影圈，他后期的许多作品，都是为拍摄电影而创作的电影插曲和主题歌曲。

△ 1933年初，聂耳由田汉（右）介绍加入中国共产党

1933 年初，由中国左翼戏剧家联盟负责人赵铭彝、田汉介绍，"左联"负责人夏衍监誓，在联华影业公司一厂的一个摄影棚的角落里，聂耳光荣地加入了中国共产党。他在 2 月 2 日的日记中曾记载：

回家阅读《马克思传》，趣味很浓。显然和以前读马克思的著作时，有着异样的感觉。

2 月 5 日，聂耳在霞飞路临街的一幢三层楼房的二层，租到了一间小屋子（小亭子间）。终于有了自己的小屋，他高兴极了，精心地布置了一天。还兴奋地嚷着："我们的新生活即将开始了。"

当时正值中苏邦交恢复不久（1932 年 12 月，在全国人民的强烈要求与压力下，国民党政府被迫与苏联恢复邦交。次年 2 月 16 日，上海大戏院正式公映了苏联的有声影片《生路》，上海的进步文化界组成了一个专门从事中苏文化联络和宣传的组织——苏联之友社。在田汉的推动下，聂耳与任光、安娥、吕骥等成立了苏联之友社音乐小组。他们定期在任光的住处一起听苏联音乐的广播，学习苏联歌曲创作的经验，并共同探讨如何发展中国的革命音乐的问题。在这个小组的基础上，聂耳又发起成立中国新兴音乐研究会。聂耳还为当时正在公映的苏联电影《生路》写了短评:《我所知道的〈生路〉里的音乐》(原载 1933 年 10 月 20 日上海《晨报》副刊"每日电影")。

3 月 1 日中午，聂耳来到明月歌剧社。王人美化好了妆在黎锦光的房里飘飘然地哼着她们的新歌，丽珠、小陈、国美、枝露等女演员，也都化了妆，边笑边听着。

王人美看到聂耳进来，停止了唱歌，对聂耳埋怨说："干弟弟! 你运气真不好，你好久没来了，今天来找我们玩儿，我们又要去拍照。"

"聂子! "白丽珠在叫。

"聂子! "小红（周小红，即周璇）也在招呼。

"聂子! "又有两个人同时在叫。

聂耳一时不知道先答应哪个为好了，知乐又跑了过来说:"你不理我吗?"

斯咏从男宿舍里跑出来招呼 :"啊! 聂子! "聂耳觉得她胖了些。

"干哥哥！你等着我们回来再走吧！"小陈也叫着。知乐抢着说："聂子！我陪你玩儿，我是在家的！"

"这几天我就希望有谁来看看我，哪晓得谁都没有来，你怎么知道我有病？"胡笳很伤感地拉着聂耳的手说。

"我今天是特地来看你的，因为郑君里说你有病。谁知你们又要去拍照，不能陪我玩儿。"聂耳巧妙地回答着。

只要一跨进"明月"的门，聂耳就觉得好像到了另一世界似的。她们不知天有多高，地有多厚，整天只知寻快乐，只知唱歌、弹琴，别的是再管不着的。聂耳觉得这是另一世界，是"月宫"。

这群聂耳眼中天真的"小孩"演员们，都成熟了，都快成为明星了，也都要离开"明月"进电影圈了。"明月"便是这样瓦解了！王人美和"联华"即将签约了，聂耳和她聊起大家过去的快乐时光，不禁伤感得几乎流泪。

3月16日，影片《除夕》拍完了，导演安排聂耳写一篇宣传的稿子登特刊。《母性之光》又开拍了，聂耳忙得脑袋都快破裂了。虽然辛苦，他却因此得到了一个实习导演的机会。从3月21日起，聂耳被任命为联华一厂音乐股主任。同时，他还担任着"联华"航捐会执委、话剧剧本起草委、联华一厂俱乐部执委兼秘书、中国电协组织部秘书、电协组长、电游艺会筹备委员等工作，差不多每天都在过开会生活，从早忙到晚。

联华影业公司规定其职员要随时在本公司拍摄的影片中，临时扮演各种群众角色。聂耳曾先后在《城市之夜》《体育皇后》《小玩意》等影片中扮演过账房先生、小提琴手、小商贩、运动会上的医生等各种群众角色。在5月9日至12日去杭州拍《母性之光》的外景时，聂耳自告奋勇地用油彩把全身涂黑，成功地扮演了影片中的

◁ 1933年聂耳成功地在影片《母性之光》中扮演了一个黑矿工。图为陈燕燕在向他表示祝贺。

黑矿工角色。

田汉编剧的《母性之光》，是继《三个摩登女性》之后，又一部由联华影业公司开拍的影片，导演卜万苍，摄影黄绍芬，主演金焰、陈燕燕，聂耳负责作曲。

电影《母性之光》的插曲《开矿歌》（田汉作词）是聂耳创作的第一首电影歌曲，也是第一首反映劳动群众形象的歌曲。在这首歌曲的音乐创作中，聂耳运用了民间的劳动号子的节奏和"一领众和"的形式，来表现中国工人阶级的斗争生活和基本形象。作为处女作，虽然还不够成熟，却是聂耳为中国新兴音乐做的第一次尝试。他在 6 月 3 日的日记中写道：

"什么是中国的新兴音乐？"这是目前从事音乐运动者，首先要提出的问题。

我们知道音乐和其他艺术、诗、小说、戏剧一样，它是代替着大众在呐喊。大众必然会要求音乐的新的内容和演奏，并作曲家的新的态度。他们感觉到有闲阶级所表现的罗曼蒂克的、美感的、内心的情调是不适切的，是麻醉群众意识的。

6 月 29 日，《母性之光》在上海试映，聂耳的音乐创作才能给上海的电影界留下了深刻的印象。

一向把自己的身体当成铁一般的聂耳，因为过度的劳累而病倒了。8 月中旬，费穆编剧的《人生》正在紧张地拍摄之中，聂耳任该片的剧务。之前，聂耳曾写过一个表现爱国学生运动的电影剧本《时代青年》，这时，公司的剧本审查会要聂耳将这个剧本修改后交来讨论。聂耳赶了两三个夜工，于 8 月 26 日写就了电影剧本《前夜》。由于疲劳过度，8月30日在南京路永安公司门口拍《人生》的外景时，聂耳当场昏倒。醒来时，已经躺在了仁济医院的病床上了。医生说是脑充血，并叮嘱聂耳不要把这病看轻，要静养，少做用心的工作。聂耳在医院住了七天，因为是工作时昏倒的，一切费用由公司负责。当时上海的电影界和文艺界都很关注，报上也登载了聂耳住院的消息，每天都有人专程来医院看望他。

9月6日出院，根据医生嘱咐，聂耳请了一个月的病假。依照公司的规则，请假照例扣薪。聂耳回到家里养病，忍受着小亭子间里污浊的空气。正愁没钱的时候，公司送来了《小玩意》的酬金25元。为了改善居住环境，9月9日，聂耳搬了新家（霞飞路1518号）。除每月12元租金外，又花了些钱，添置了床、桌、椅、凳等家具。聂耳觉得世界上最可爱的便是自己的这间新屋了，一个人住，简直真像养病一样，每日的生活也非常有规律了。

然而，25元的酬金很快就用光了，只好提前上班。9月18日，聂耳到公司销了假。第二天，聂耳就接到二厂的通知，要他负责《渔光曲》的音乐工作，并随剧组到浙江石浦拍外景。聂耳非常高兴，认为这是再好没有的一个休养机会。因为当时的影片公司，拍外景要比厂内清闲。当天，聂耳背了行李，左手小提琴，右手吉他，随着三十多人的剧组乘轮船开拔了。

本想去养病，结果是养出一场大病来！

石浦是海边的一个小镇，附近有很多渔村，成百上千的渔船，每天都到海里去捕鱼。剧组原计划用两周时间完成外景的拍摄工作，但是由于天气原因，剧组在石浦逗留了一个多月。

中秋节这天，剧组还在拍聂耳扮演的遇难的渔民的镜头。当晚，聂耳的喉咙突然疼起来，随后高烧不止。此后接连几天，看了西医，看了中医，用了各种药，都不见好转，疼痛却愈加厉害。聂耳只好请假，在双十节那天回到了上海。一连吃了七天的汤药，烧算是退了些，但疗效一般。在石浦的药费是由二厂公费垫出，到了上海只能是自费了。聂耳从卜万苍那儿借来的五十元，到了17号，已用了四十几元，只够第二天一天的药费了。这是聂耳自从云南出来后，第一次感受到的最大痛苦。郑雨笙来看聂耳，他也觉得这样医治不行，并说他那里有云南阮氏上清丸，可以一试。结果四天就痊愈了。花了那么多医药费，居然让上清丸治好了，而且不费吹灰之力，令聂耳哭笑不得。

11月1日，聂耳赶紧到公司销了假。在他眼里，月底的30元薪水，实在比有钱人手中的300元有用。

病好后，聂耳为自己制订了一个"病后休养大纲"，将每日的作息时间做了严格的规定。实行不满一个月，自己觉得"身体已完全恢复健康了"。这期间，聂耳热烈地期待着每周一晚上的到来，好到法租界法文学会的交响乐队去演奏。这个乐队的负责人正是聂耳原来的小提琴老师普杜什卡。此外，聂耳又开始到"小老师"王人艺处上课、学琴。

继《开矿歌》后，聂耳又为董每戡的独幕话剧《饥饿线》创作了插曲《饥寒交迫之歌》，这是聂耳所创作的有关妇女题材的第一部作品。歌曲是一位贫苦妇女哄宝宝睡觉时所唱的摇篮曲。深情的音乐，在徐缓、朴素的旋律中，透发出深藏在这位受压迫妇女的内心的忧伤。

1933 年的冬天，在上海的霞飞路（聂耳当时的住处附近，现在的淮海中路）上，聂耳经常看见一位拖着两条黑辫子、长着一双大眼睛的女报童。每逢电车到站，她就挤在下车的人群中，挥动着冻红的小手大声喊着"卖报卖报"。她那稚气可爱的样子和略带几分凄楚的声音，深深地打动了聂耳。他问小姑娘叫什么名字，小姑娘说她没有名字，大家都叫她小毛头（后起名杨碧君）。聂耳非常同情，决心给她创作一首《卖报歌》。聂耳请安娥写了词，自己作了曲，并亲自教会了小毛头唱。从此，这首歌曲不胫而走，很快传遍了中国的大江南北。这是聂耳创作的第一首儿童歌曲，节奏明快，旋律顺畅，音域适中，不仅体现了广大儿童天真活泼的性格，还体现了作为新生的、受压迫儿童的坚强不屈的精神。歌词中"七个铜板就买两份报"还是聂耳应小毛头的建议改的，因为小毛头觉得不写明不利于她卖报。

上海左翼电影活动的迅速发展，引起了国民党反动当局的

恐慌。1933 年 11 月 12 日，国民党的特务组织蓝衣社，在上海统治当局的指使下，捣毁了拍摄多部进步影片的艺华影业公司。并在报纸上威胁各影片公司，严禁拍摄及上映"赤化"电影。聂耳是上海左翼电影运动的中坚力量和活跃分子，联华影业公司迫于压力，不得不于1934 年 1 月 24 日书面通知聂耳，要他"休养身体"，实际上是将他解雇了。

聂耳又失业了，他又将面临怎样的选择呢?

➔ "我的音乐年"

★★★★★

（22岁）

　　"一九三四年是我的音乐年。"聂耳在1934年的日记的开端写下了这个宣告。

　　面对这次的失业，聂耳并不像前两次那样窘迫。此时的聂耳，在上海文艺界已小有名气，可选择的机会也更多了。"艺华"、"明星"、"天一"等影业公司都来请过聂耳，他都拒绝了，原因是别的公司比"联华"更遭。

　　年初，聂耳受黎锦光的邀请，准备加入江西南昌的中央怒潮剧社的管弦乐队。在年三十的晚上，聂耳还给家里写信说："明天——大年初一从上海动身到南京、南昌、福建，以后我会从广东兜回云南。"然而，聂耳最终却取消了行程，因为他从左翼剧联负责人于伶处得知，"怒潮"管弦乐队是蒋介石为指挥第五次军事"围剿"而设立的"南昌行营"

政训处下属的机构。

聂耳在离开"联华"一个月后（2月24日）的日记中写道：

需要画上几笔，已经一个月没写了！

这一月内的生活完全变更了，似乎比从前惬意得多，简直不像一个失业者的生活。

"百代"收音、作曲、配音——《人生》，自己练琴，赴演奏会唱歌队。便是这一月的主要工作。

景光约我到南昌"怒潮"去，已经答应了又打了回票，原因是不应当去！人艺去了，我预备再到老头那儿上课去。音专失败。

最近收入颇丰。

4月1日，经任光介绍，聂耳正式进入了上

▶ 上海百代公司旧址

海英商的东方百代公司的音乐部，协助任光做收音、抄谱、作曲和教授唱歌（指在录音前教那些电影明星唱歌）等工作。百代公司总经理对聂耳一口流利的英语非常满意，不久，又请聂耳担任了音乐部的副主任，月薪60元。此后，聂耳在生活上宽裕了一点，但朋友间的应酬也水涨船高了。为了不荒废学业，聂耳继续学琴和俄文，每周的小提琴功课都认真做好，常常得到普杜什卡的夸奖。聂耳每天早晨6点起床，先练两个小时的琴，早饭后上班。整个白天都忙于公司的工作，晚饭后，从7点到12点读俄文或做配音工作，有时甚至要通宵。从这时起，聂耳完全地投入了音乐方面的工作，并开始研究《对位法》和《和声学》，还加入了一个合唱团。

百代公司的英国老板过去灌了一些国乐唱片，销路比西乐唱片好得多，说明中国人多数还是喜欢听中国音乐的。老板就想自己成立个国乐队，以便经常灌些国乐唱片。5月份，聂耳领导组建了一个小型乐队——百代国乐队，成员只有五人，完全用中国乐器演奏中国曲子，加上科学的组织与和声，成为了一种中国音乐的新形式。聂耳还为这个乐队创作、改编了了七首民乐合奏曲，其中最突出的就是《金蛇狂舞》和《翠湖春晓》。聂耳曾一再给云南家乡的亲友写信，请他们为他收集有关云南的民间音乐、洞经调、滇戏曲牌调等。这些民间音乐，为聂耳的创作提供了丰富的给养。乐队以森森国乐队为别名在上海多次演出，曾经轰动一时。

自从《南洋大观》的配音工作开始后，聂耳不得不终止了参加交响乐队和合唱队的练习。聂耳觉得这是一个莫大的损失，但实际上也真是没有那么多时间了。

《渔光曲》的配音、配乐工作，使聂耳整整忙了两个星期。令聂耳欣慰的是，6月24日正式公映后，各大报给予了一致的好评，都说这是中国第一部最完美的配音片。

6月30日至7月1日，左翼剧联以庆祝麦伦中学校庆为名，在八仙桥青年会礼堂组织戏剧演出。由田汉编剧、聂耳导演、作曲和主演的舞台剧《扬子江暴风雨》正式公演，获得了极大成功。聂耳成功地扮演了剧中的主角——打砖工人老王，受到了现场观众的热烈欢迎。聂耳的照片和有关该剧的报道文章，不但在上海的各报纸、杂志登出，苏联的《国际艺术》杂志，也予以了报道。演出的成功，给了聂耳不小的勇气，他想："中国的新歌剧运动从此开始，今后的责任，多半是在我的头上。"

聂耳为《扬子江暴风雨》写了四首插曲，即《码头工人》（孙石灵词）、《打砖歌》（梁惜芳原诗，聂耳改编）、《打桩歌》（聂耳词）、《苦力歌》（田汉词，后改名为《前进歌》）。在这四首歌曲中，《码头工人》写得最有特色，影响力也最大。为了创作这些歌曲，聂耳曾多次到上海的黄浦江

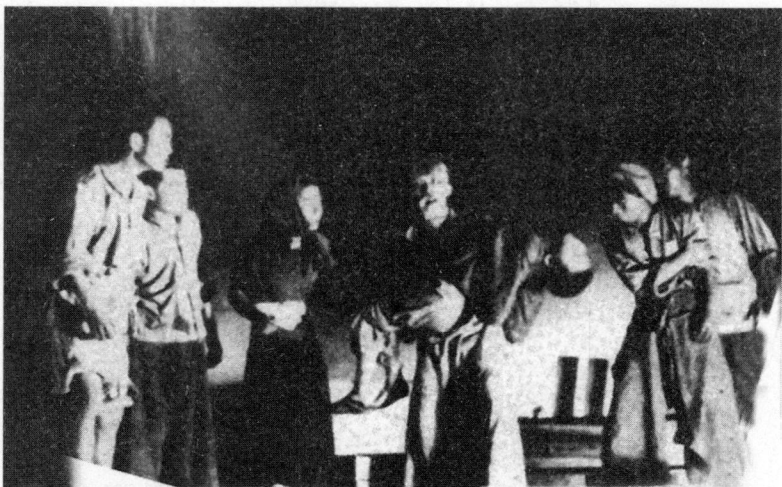

△ 1934年夏，聂耳作曲、导演、主演的新歌剧《扬子江暴风雨》的剧照（抱小孩者为聂耳）。

边，细心观察码头工人劳动的情景，深入体验他们的生活。歌曲的基本主题音调，直接吸收了码头工人的劳动号子"唉咿哟嗬"的声调，生动地展现了工人们肩扛重担，沉着前进的形象。聂耳通过这首歌曲的音乐刻画，表达了20世纪30年代中国工人阶级内心中充满的对压迫者的愤怒和反抗，表达了他们渴望通过斗争推翻压在身上的沉重负担的思想。

为反击反动当局对电影业的反动控制，左翼文艺工作者在党的领导下组建了自己的电影企业——上海电通影业公司。7月份，聂耳为该公司拍摄的第一部影片《桃李劫》，创作了主题歌《毕业歌》（由田汉作词）。在这首歌曲中，聂耳以进行曲的体裁、号角式的音调，表达了在民族危亡的时刻，青年学子们要起来，担负起天下兴亡的决心。《桃李劫》公映后，百代公司出版了主演袁枚之、陈波儿的录音唱片。从此，作为抗日救亡的著名歌曲，《毕业歌》传遍了长城内外、大江南北，特别是在广大青年学生中，引起了巨大的共鸣！许多同学在宣传抗日时唱着它，在抗日杀敌的战场上唱着它。

为了自己更远大的前途着想，聂耳从 8 月 10 日起，经贺绿汀介绍，向上海国立音专的俄籍教授阿萨柯夫学习钢琴和音乐理论，每月四小时课，每周两节课。学费、钢琴月租费和书费，平均每月五十多元。虽然学习费用很贵，聂耳一直坚持学习，直到 1935 年 4 月 1 日仓促赴日前夕为止。

8 月底 9 月初，聂耳为联华二厂拍摄的影片《大路》创作了主题歌《大路歌》（孙瑜词）、序歌《开路先锋》（孙师毅词）。在创作过程中，聂耳曾去上海江湾的筑路工地，与工人一起拉铁磙，切身体验筑路工人的劳动生活。《大路歌》的音乐是一首建立在号子式音调基础上的，缓慢、沉重地前进的进行曲，刻画了中国工人阶级内心深处蕴藏着的沉着刚毅的性格。与之相配合的序歌《开路先锋》的音乐，聂耳更加着重刻画了中国工人阶级的爽直、豪迈、自信的精神面貌。

10 月 13 日，聂耳与任光一起主持举办了"百代新声会"，邀请了社会各界人士来欣赏他们新录制的歌曲、民族器乐曲等唱片。聂耳的《毕业歌》《大路歌》和《开路先锋》等歌曲，得到了广泛的好评。

10月间，聂耳又为艺华影业公司拍摄的电影《飞花村》创作了主题歌《飞花歌》（孙师毅词）及插曲《牧羊女》（孙师毅词）。《飞花歌》是聂耳第一次为塑造女性形象而创作的电影歌曲。歌曲音乐鲜明，朴实清秀，采用四季调分节歌的形式，使作品带有浓厚的民间气息。

《飞花歌》和《牧羊女》是在美商胜利唱片公司灌制的，引起了英商百代唱片公司老板的不满，聂耳于11月底提出辞职，离开了百代公司。

虽然离了职，聂耳并不担心会发生生活上的问题。此时的聂耳在上海影界已经很有声望了，完全可以凭自己的本事吃饭。

12月初，聂耳搬了家（新住址为霞飞路1258号），租了钢琴。以前是在百代公司练，现在只有自己租。聂耳仍然继续学习钢琴、作曲，虽然下月的学费有可能发生问题，但他情愿吃大饼也不愿欠学费。聂耳觉得，最早过了旧历年后，当忙完了《大路》和《新女性》的音乐工作后，就可以回趟家了，回到阔别已久的云南老家的亲人们的身边。聂耳也想到了要给母亲寄点钱，他在12月17日给母亲的信中写道：

我到阳历年底或者会有一百元的收入（版税、酬劳等），我决定想法寄点来给您老人家零用。我出来几年了，到现在才有本事寄点钱回家，实在惭愧。妈妈！您拿到虽然不多的几个钱，想来已经够开心了！

聂耳后来给母亲寄去的钱，母亲都给聂耳存了起来。

1934 年的确是聂耳的音乐年，他不仅为多部影片创作了主题歌和插曲，还先后担任了多部影片的全部配乐工作。通过这一年的努力，聂耳在电影界乃至社会上，赢得了很高的声誉。除了音乐创作外，聂耳还参与了有关音乐、电影等方面的文艺批评的写作。11 月 11 日在上海《中华日报》"戏"周刊发表了《看俄国歌剧杂谈》的文艺述评。年底，撰写的综合性文艺评论《一年来之中国音乐》(发表于 1935 年 1 月 6 日《申报》)，总结了 1934 年中国音乐界在电影、广播、出版、演奏、论争各方面的情况，充分肯定了进步电影音乐自从《渔光曲》以来所取得的迅速发展和显著成绩。他在文中指出："新音乐的新芽将不断地生长，而流行俗曲已不可避免地快要走到末路上去了。"

《大路》于 1935 年元旦首次公映，获得了各方好评，各地纷纷来信索要《大路》歌谱。

新的一年，聂耳将迎来新的创作高峰。

→ 《义勇军进行曲》

★★★★★

1935 年 1 月，聂耳回到联华影业公司，担任音乐部主任，主要负责二厂音乐方面的工作。此时，电影《新女性》正在紧张的拍摄中，聂耳也紧锣密鼓地忙于该片的配音和主题歌作曲工作。

为了使《新女性》的主题歌曲能准确地表达出正在觉醒的处于受压迫阶层的新的中国纺织女工的形象，聂耳经常凌晨起床，长途步行到地处沪东的杨树浦工厂区，去实际观察女工们上早班的情况。他还深入到女工的家里，了解她们的思想和生活。聂耳为这部影片创作了《新女性》组歌，组歌包含六首前后相连、长度不等的歌曲，分别标题为:《回声歌》《天天歌》《一天十二点钟》《四不歌》《奴隶的起来》《新的女性》。为了能以清新的气质演唱好这个组歌，聂耳专门组建了一个业余歌咏团体——联华声乐团，乐团成员的选用、组织和训练，完全由聂耳一个人负责。

2月2日晚上（农历除夕前夜）九点一刻，电影《新女性》在上海金城大戏院举行了首映式。聂耳指挥由二十多名身穿女工服装的联华声乐团成员组成的合唱团，同声高唱这首别开生面的新型组歌，给观众留下了深刻的印象。

田汉于1934年底创作了三幕话剧《回春之曲》，聂耳为该剧创作了四首插曲，即《告别南洋》《春天回来了》《慰劳歌》《梅娘曲》（均为田汉作词）。剧中塑造了爱国青年高维汉和梅娘的动人

△ 1935年春节，影片《新女性》的首映式上，聂耳（前坐者）指挥身穿女工服装的联华声乐团登台演唱《新女性》组歌后的合影。

形象。原在南洋教书的高维汉，在九·一八事变后告别热恋的华侨学生梅娘，回国投入抗日战争。他在上海一·二八战役中英勇作战，身负重伤。梅娘挣脱封建家庭的束缚，回国参加了救护工作。剧本把青年忠贞的爱情和民族解放的崇高爱国之情结合起来，把主人公悲欢离合的遭遇和群众斗争的热烈场面结合起来，开拓了新的境界。其中，聂耳创作的《告别南洋》一曲，将歌曲的主题大胆地建立在一个中等速度、宽广节奏的三拍子大调式音阶的基础上，表现了男主人公高维汉强烈的爱国精神和坚毅的性格。另一首歌曲《梅娘曲》，聂耳则选择了一个为南洋民歌所特有的，温暖、宁静、秀美的大调性音调，塑造了女主人公梅娘善良、朴实、纯真的形象。《梅娘曲》也是梅娘所唱的一首歌，抒发了女主人公对家乡人民痛苦命运的深切同情。《慰劳歌》是这个剧中一首比较独特的带有场面描写的声乐作品，歌曲描述的是一群爱国青年到医院去慰问受伤的抗日将士的场面。歌曲带有一定的朗诵性，歌唱与说白结合自如，气氛深情而热烈。

1月31日至2月2日，中国左翼剧联以"上海舞台协会"的名义，在上海金城大戏院对这部话剧进行了公演。聂耳在台侧弹奏六弦琴，并领导乐队为歌唱者伴奏。连续三天的演出，场内座无虚席，气氛热烈，盛况空前。

2月份，聂耳为艺华影业公司拍摄的影片《逃亡》创作了主题歌《逃亡曲》（后改名为《自卫歌》，唐纳词）和插曲《塞外村女》（唐纳词）。之后，又为该公司拍摄的影片《凯歌》创作了主题歌

《打长江》和插曲《菜菱歌》(这两首歌曲后来并未用于该片)。

3月10日，聂耳、任光、吕骥、安娥、贺绿汀等在孙师毅家聚会，大家听说俄籍作曲家阿夫夏洛穆夫将于3月13日至15日在卡尔登举行他的中国风的乐剧演奏，于是约好同去看阿氏的作品，回来每人写一个批评文章。聂耳写了《观看中国哑剧〈香篆幻境〉后》，不久就去了日本，再也没能回来。后来孙师毅整理聂耳的遗著后，将此文刊于1935年8月16日《电通》画报第七期上。睹物伤情，回首前尘，怎能不让聂耳生前的好友凄惶而垂泪呢!

1934年夏，由司徒慧敏等人组建的上海电通影业公司拍摄了第一部电影《桃李劫》，其中田汉作词、聂耳作曲的《毕业歌》，随着电影的公映而风靡一时。1934年底，电通影业公司开始筹拍它的第二部电影——田汉编剧的《凤凰涅槃图》(也称《凤凰再生》)。影片描写30年代初期，以诗人辛白华为代表的中国知识分子，投笔从戎，参加义勇军英勇杀敌的故事。

田汉将剧本写好后，还没来得及写分镜头脚本，就在1935年2月19日晚，以"宣传赤化"的罪名而被捕。电通将剧本交给了夏衍，夏衍替田汉将这个剧本改写成电影台本,将片名《凤凰涅槃图》改为《风云儿女》。田汉为剧中男主角、诗人辛白华创作了一首激昂奔放的自由体诗《万里长城》,其中一段成为《风云儿女》的主题歌,即《义勇军进行曲》。

聂耳听说后,立刻找到夏衍说:"听说《风云儿女》的结尾处有一个主题歌?"夏衍给聂耳看了电影台本,剧本的故事聂耳早已知道,所以很快就找到了最后那一首歌。聂耳念了两遍,很快地说:"作曲交给我,我干。"还没等夏衍开口,聂耳就已经伸出手来和夏衍握手,说:"我干!交给我。田先生一定会同意的。"

聂耳经过了长久的构思后,于3月中旬用了两夜时间,完成了《义勇军进行曲》的初稿。在谱曲过程中,聂耳和孙师毅商量,对歌词做了三处修改:一是在歌词开头将"起来"与"不愿⋯⋯"完全分开,又在句末加上了休止符以做强调;二是将原歌词第六句"冒着敌人的飞机大炮前进"修改成"冒着敌人的炮火前进",并在句尾加上了休止符;三是在原歌词第七句"前进!前进!前进!"后再增加了一个"进!"

之后,导演许幸之将自己作词的插曲《铁蹄下的歌女》交给了聂耳。大约两周后,聂耳带着歌谱来试唱给许幸之听。许幸之立刻被这首哀怨动人的歌曲感动了,他后来在《忆聂耳》(1982年2月15日《人民日报》)一文中回忆说:"这首歌词,没有进行任何修改,但谱了曲后,比原来更哀婉、更悲怆、更有色彩、更抒情和富有诗意。"

继田汉、阳翰笙、赵铭彝等革命文艺家相继被捕后,4月1

日传来了聂耳也有被捕危险的消息。一直就渴望到欧洲去考察的聂耳，决定借此机会出国去深造。经地下党组织批准，聂耳先去日本，然后去欧洲、苏联考察、学习，暂时出去躲避一个时期。为了逃避当局的盘查，聂耳以到日本大阪协助做牛皮生意的三哥聂叙伦经商为名，离开上海东渡日本。

电通影业公司的负责人司徒慧敏后来回忆道：“离开祖国的前夜，聂耳还亲自到电通公司荆州路的摄影棚来和大家一同练唱，还仔细倾听朋友们的意见，决心去修改。可是出国的船期只有两三天了。他提出，要把未完成稿带到日本去修改。”聂耳到日本不久，司徒慧敏很快收到了他的完成稿。1935年5月初，青年歌唱家盛家伦，电通公司演职人员郑君里、金山、顾梦鹤、司徒慧敏和施超等人，组成小合唱队，经过几天练习，5月9日第一次将《义勇军进行曲》在上海东方百代唱片公司录音棚内灌成唱片发行，这张唱片的编号为34848b。后将录音转录到电影《风云儿女》的胶片上。

1935年5月24日，电影《风云儿女》在上海金城大戏院首映，当日《中华日报》电影宣传广告上写着：“再唱一次胜利凯歌！再掷一颗强烈的炮弹！”而《申报》电影广告栏载的该片广

告称:"这儿有雄伟的歌——是铁蹄下的反抗歌!"

4月9日,临行前,聂耳给母亲寄去了他在祖国写的最后一封信:

亲爱的妈妈:

生活变迁之快,实在给人想不到,我将在最近两三天要动身到日本去。

因为我有一个很好的机会,可以到欧洲去游历,但是先要到日本考察一次,视成绩的优劣再定,所以我这次非努力一下不可了!

……

妈妈:您别以为我现在是到外国去,更远的离开您了,实际上等于到南京、北平一样,何况这是一种千载难逢的机会。

……

4月15日,聂耳匆匆登上了日轮"长崎丸"号,离开了上海,离开了祖国,前往日本学习深造。

东渡日本

（1935）

➜ 终焉之地

1935年4月16日下午1时20分，"长崎丸"号到达日本长崎。聂耳登岸吃了顿中国馄饨，下午5时开船。17日下午3时抵达日本神户，聂耳同在船上结识的苏州朋友乘电车到大阪，乘当夜10点的快车前往东京。

18日上午8时30分抵达东京车站，聂耳坐汽车直奔云南好友、留日学生张鹤（张天虚）的住所，当天下午就到"东亚"听了两小时的课，第二天便报名入了学，每天四小时的课。

聂耳最初住的是贷间，一间装修很精致漂亮的五叠间，每月租金11元。房东曾留美11年，聂耳可以与房东练习日语会话，同时英语会话也不会生疏，一举两得。大约一个月后，聂耳又搬到了"东亚"学校附近的一间

△ 聂耳（左一）与同乡友人张鹤（左二）等在东京（蹲者为聂耳的家庭日语教师渡边妙子）

小小的楼房里，在神田区，月租金8.5元。房东的妹妹渡边妙子是位小学教员，已30岁了，尚未嫁人。聂耳一搬进去就请她做自己的日语会话教员，每天1小时，每月学费5元。

在东京，聂耳整天忙着赴音乐会和学习日语，总觉得每天的时间不够用。但和在上海比起来要惬意多了，因为在这里不用加夜班了。

4月28日，曹禺的《雷雨》在日本一桥讲堂公演，聂耳观看后，认为第一、二幕还大致不差，第三幕很失败。结果，第二次预备公演时，突然被公使馆禁止了，说"有伤国体"。

5月的东京，音乐和舞蹈演奏活动特别多，几乎每天都有一二种。最引人注目的是一年一度的全国音乐学校毕业生的"全日本新人演奏会"，为读卖新闻社主办。该演奏会于1930年首次举行，到今年是第六次了，集合了全日本十所音乐学校的毕业生，出演新人有53人，节目演出时间需两天。聂耳兴致勃勃地观看了5月2日和3日在日比谷公会堂举行的新人演奏会，觉得这些朝气蓬勃的新人，演奏的乐曲都有相当的难度，很显技巧。美中不足的是，演员的表情太僵持了。

5月12日下午5点，聂耳到九段军人会馆参加了在那里举行的儿童舞蹈会，主办方是岛田儿童舞蹈研究所。有23个节目，大多为日本舞蹈和西洋舞蹈。歌曲大多是童谣，独唱者大的不过十二三岁，最小的只有五六岁。最有趣的要算是幼儿舞蹈，他们尽情地跳，毫无顾忌地出错，表现得极为镇静，引得观众大笑不止，聂耳对演出效果很满意。

5月24日晚7点30分，聂耳观看了在日比谷公会堂举行的美国提琴巨匠津巴利斯特的提琴和新交响乐团的定期演奏。演奏的曲子有：奥地利作曲家莫扎特的A大调第五小提琴协奏曲，德国作曲家门德尔松的E小调提琴协奏曲，捷克作曲家斯美塔那的交响诗套曲《我的祖国》的第二乐章"沃尔塔瓦河"。聂耳买了一张津巴利斯特的照片，想找他签字。但向一个外国人打听时，说要等到散场后，聂耳的兴致也没那么大了。

老陶给聂耳介绍了一个朝鲜朋友李相南，是日本著名照相家远近雄的门生。李相南是朝鲜籍，日本新协剧团的照明师，在日本已生活了八年，简直和日本人一样，爱好照相的聂耳和他一见如故。5月28日晚，李相南介绍聂耳等去看"新桥"演舞场的《蝴蝶夫人》，由于老陶把时间弄错了，结果空走一遭。聂耳提议到"筑地"剧场，去见识一下这个日本左翼剧的策源地。恰好那里正在演出新筑地剧团的《坂本龙马》，聂耳等人非常高兴，觉得剧作者将历史用新的手法表现出来的新意识，让戏里散发着像血一样奔放的革命热情，使人的情绪随时会紧张起来。

6月3日，聂耳应"东京艺术座谈会"的邀请，作了题为"最近中国音乐界的总检讨"的演讲。聂耳讲了两个多小时，受到了极热烈的欢迎。大家认为由聂耳组织音乐研究会这类活动，会使艺术座谈会增色不少，聂耳也欣然答应了。此后近一个月，聂耳都忙于艺术座谈会的事情。

聂耳在日本还参观了许多剧场和电影摄制厂。在学习、考察之余，他还为国内的左翼电影音乐月刊《艺声》撰写了《日本影坛一角》《法国影坛》《苏联影坛》三则报道（刊于1935年8月出版的第三期）。

到日本后，聂耳本打算用三个月的时间将日本普通话学个大概，结果，仅仅两个月便全部实现了。聂耳所住的神田区，中国人比较多，按理说日语水平的进步是很不容易的。但聂耳有自己独特的方法：一是房东的妹妹是聂耳的会话教员，每天都能练习；二是聂耳花了25元买了一台无线电收音机，除了可以研究日本音乐活动外，还可以当做练习听力的工具；三是常在一起的日本朋友有六七人，而且都是喜欢戏剧和音乐的；四是除星期日艺术聚餐会是吃中餐、讲中国话外，其余每天都是吃日餐，讲日本话。

7月，"东亚日语补习学校"放暑假。聂耳对假期活动作了详细安排，他在7月7日给孙师毅的信中说：

我决定九日和一个灯光专家往游富士山，住在他家里。十七日起赴京都、大阪、神户参加"新协"的旅行公演，并参观剧场及摄影场。二十六日起赴四国松山洗温泉，七月底返东京，八月初和云南同乡们赴房州海滨，约九月初回。

7月8日，聂耳准备与李相南先到神奈川的藤泽市观赏海滨风光。晚上，云南同乡杨式向聂耳讲述着到房州找房子的经过，因为云南的同乡们要去那里度假。这时，渡边妙子送了两个冰淇淋过来，她对聂耳说以后可能见不到了，因为母亲想念的缘故，回故乡后，十有八九不会再来东京了。妙子做了聂耳两个月的日语会话教员，聂耳也很感谢她。睡前，她意味深厚地请聂耳给她拉一次小提琴。

7月9日早晨，聂耳等早早就出发了，经横滨于8点30到达了藤泽，住在了李相南的日本朋友滨田实弘的家里。早饭后，大家乘坐公共汽车，来到了藤泽鹄沼海滨著名的游览胜地江之岛。岛上绿树成荫，清凉无比。绕到岛的腹地，幽深的岩洞，滔滔的海浪，令聂耳回想起了《渔光曲》拍外景时的情景。大家又乘公共汽车来到对山海岸，沿海岸漫步，尽情地欣赏着海天一色的美景。

游览了一天，大家都很疲劳。晚上回来，滨田的姐姐横田给大家做了日本的著名美食"生鱼片"。聂耳给大家拉小提琴，讲解中文对联。渐渐地，大家都熟识起来。

次日午后，聂耳穿着黄色的短裤，带着大帽子，和李相南来到了海滨浴场。聂耳找了一个人少的地方换上泳装，在海水里跳浪，第一次尝到了日本海水的滋味。

第三天天气不太好，有点寒意，大家没有了到海滨的兴趣。聂耳在家翻翻地图，计划着到箱根、热海去。窗外的鸟叫声、小孩的嬉笑声，衬托着乡下的宁静。聂耳从来没有想到会到这样美丽的地方安闲地住着，更没有想到会和日本人弄得这样亲切，居然住人家，吃人家。午后聂耳去东海散步，参观大神社。晚饭后，横田姐弟缠着让聂耳唱歌、跳舞。聂耳干脆教大家跳华尔兹，开留声机伴舞。

每天海边散步、跳浪、游泳、拉琴、唱歌、跳舞，聂耳和大家玩得非常开心。

7月15日，天下起了雨。聂耳收拾行李，本打算明天出发去箱根，却碍于主人的盛情，只好再拖延一天。这天，聂耳对自己到日本以来的计划完成情况，做了梳理。他在日记中写道：

第一"三月计划"算是在月前实现了。按照目前说日本话的程度，已是超过预料之外，自己向自己喝一杯吧！

第二"三月计划"是"培养读书能力"，同时加紧"音乐技术的修养"，直到离日的时候。

从明天起，是第二计划的开始。虽然是在暑假旅行中，读书的时间有的是！提琴的练习也决不会发生任何阻碍。

……

7月16日是聂耳第一个"三月计划"期满之日，也是离开上海整整三个月的日子，他在日记中对自己的工作作了一个总结：

今日为第一"三月计划"期满之日。将过去三月工作作一检讨，大概得下面的结论：

1. 日语会话和看书能力的确是进步了。

2. 音乐方面，因听和看的机会多便忽略了自己技术的修养。三个月来没有摸过一下钢琴，实在是莫大损失。

3. 提琴练习时间比离国前那一向多。这倒是好现象，但始终是不够，没有先生又是主要原因。

4. 没有作曲的原因是"欺人欺自己"的自觉。"尔为什么到日本来？"

5. 中文程度的重新清算，有相当效果。

明天开始新计划，随时不忘的是"读书！""拉琴！"

聂耳憧憬着新计划的开始，并提醒自己"随时不忘的是'读书！''拉琴！'"这篇对未来充满期待的日记，却成为了日记者的最后一篇。

1935 年 7 月 17 日下午，聂耳同友人去鹄沼海滨游泳时，汹涌的海浪夺去了他年轻的生命，年仅 23 岁。

聂耳不幸遇难后，滨田实弘在《聂耳遇难时之情形》的报告中作了较为详细的叙述，全文如下（此文由张鹤译出）：

昭和十年（民国二十四年）7 月 17 日午后 1 时半左右，聂君、李君、家姐、厚（我 9 岁的外甥）一同到鹄沼海岸去洗海水浴。到的时候，是 2 点钟左右。李君独自先下海，聂君等着家姐换衣服，三人随后一同下海。

那天，风浪很大，有很多人和小学生们，也在那里游泳，因此各人都没有特别关照。

在海里，李君是单独一人，聂耳则在水深齐胸的地方独自跳浪游着。同时，家姐是在水浅的地方，招呼着厚一同泳着。

约有一个多钟头，家姐和厚一同上岸来，就遇到李君，说预备先回去，要寻聂君打个招呼，寻聂君不见，那时听遇在一起的李君也说，下海后，一回也没有见到他。于是李君到海里，家姐

△ 聂耳遗留的小提琴、吉他及乐谱架

在岸上寻。（时 3 时半多）直到 4 点半都没有寻得，便连忙通知监视所，分头在海岸一带寻觅。我接到报告，到海岸去的时候，已是 6 时左右，潮已经涨上了，仍未发现其踪影。其后，李君听当地人们说，要到辻堂、茅个崎那一带去寻，仍无下落（注——直到如今，在鹄沼海岸溺死的人，常在离那场所一里内外的茅个崎捞上来的）。夜晚江之岛方面也去寻过。但是，此刻除了等待明早潮退再寻外，别无他法了。11 点钟左右，只得回家。次日早上，也仍然寻不着。回家时，可巧接到警察报告说，尸体已经打捞上来，我就忙到那里去看。

聂君的尸体，是普通一般的溺死人样子，不难看，也没有吃着水，仅只从口里流着少许血，头也出少许血，据检验的医生说是窒息死。

把尸体捞上来的那个地方，是在游泳地西南约30米（9丈）的海底，拱成沟条的样子。

对尸体处置，因事关外国人的事，我们不敢做主去做。由警察厅方面去和贵国领事馆交涉，以聂君未曾登记过而绝口不承认收领尸体，因此只好等着冀君的来，（冀君系李君与聂君共同朋友，时在东京）商议善后的处置。一面洗了尸体，穿上洋服，装入棺里交警察收去。

此后的一切，贵下和冀君都尽知了。

7月18日聂耳的同乡好友张鹤闻信赶到鹄沼海滨，处理善后事宜，与滨田实弘等日本友人一道为聂耳举行了隆重的火化仪式。同年秋，聂耳的骨灰由张鹤、郑子平（云南同乡，聂耳的好友郑雨生的六哥）护送回上海。第二年，由聂耳的三哥聂叙伦到上海迎取骨灰回昆明。第三年，聂耳的骨灰安葬在昆明西郊面对滇池的西山美人峰。

1954年，中央人民政府在昆明西山重修了聂耳墓，郭沫若撰写了碑文。

1954年11月1日，日本藤泽市人民在鹄沼海岸聂耳遇难地附近，建立了聂耳纪念碑，后因海啸被冲走。1963 年，藤泽市人民又重建"耳"字形的花岗石纪念碑，上题郭沫若撰"聂耳终焉之地"六个大字。

后 记

不屈的号角在他身后响彻寰宇

聂耳不幸遇难的消息传开后，在日本的许多中国留学生于同年8月4日聚集在日本聂耳蒙难所属的县的北条，举行了追悼大会，会上决定筹款出版《聂耳纪念集》。

噩耗传回中国，震撼了许多认识或不认识他的中国人。1935年8月16日上海各界人士在金城大戏院隆重举行了聂耳的追悼大会。当时还在南京狱中的田汉专门为这次追悼大会写了悼词：

一系金陵五月更，故交零落几吞声。

高歌正待惊天地，小别何期隔生死。

乡国只令沦巨浸，边疆次第坏长城。

英魂应化狂涛返，重与吾民诉不平！

1935年12月9日，北平高校上千名爱国学生举行抗日救国请愿游行。游行的学生队伍高唱起《义勇军进行曲》，冲破军警的重重阻挡，浩浩荡荡向前行进。

抗日战争全面爆发后，这首《义勇军进行曲》也成了中华民族不屈精神最真实的心声。

《义勇军进行曲》从她诞生后的十几年里，像插上了翅膀，在祖国的大地上飞扬。伴随救亡运动的巨浪，抗日战争的烽火，解放战争的硝烟，传遍大江南北，长城内外，享誉海外，在全世界传播开来。

1940 年世界著名黑人歌唱家保罗·罗伯逊在纽约的一个音乐厅，演唱了《义勇军进行曲》，第二年他还灌制了一套名为《起来》的中国革命歌曲唱片，宋庆龄亲自为这套唱片撰写了序言。在当时的反法西斯战线上，《义勇军进行曲》是代表了中国人民最强音的一支战歌。第二次世界大战即将结束之际，由美国国务院批准的一套盟军胜利凯旋之歌的曲目中，《义勇军进行曲》代表中国列在其中。1945 年在联合国成立时，《义勇军进行曲》作为代表中国的歌曲演奏。

1949 年 9 月 27 日中国人民政治协商会议第一届全体会议通过《关于中华人民共和国国都、纪年、国歌、国旗的决议》，决定"在中华人民共和国的国歌未正式制定前，以《义勇军进行曲》为代国歌"。

1949 年 10 月 1 日下午 3 时，开国大典在北京天安门广场隆重举行。毛泽东主席用洪亮的声音向全世界庄严宣告："中华人民共和国中央人民政府今天成立了。"接着毛主席按动升旗电钮，《义勇军进行曲》作为国歌第一次在天安门广场响起，中华人民共和国的国旗——五星红旗随着《义勇军进行曲》雄壮的旋律在新中国首都冉冉升起。

2004 年 3 月 14 日第十届全国人民代表大会第二次会议正式将

《义勇军进行曲》作为国歌写入宪法。（第四章第一百三十六条第二款："中华人民共和国国歌是《义勇军进行曲》。"）

18世纪拿破仑曾说过：中国，是一头睡着的雄狮，它一旦醒来，就会震惊世界！

如今，这头沉睡的雄狮早已醒来，向全世界发出了最强音。

聂耳，这个面容清癯俊秀的年轻人，用心血、用才情、用音符，捕捉、记录了中华民族五千年历史深处的最强音。

起来，

不愿做奴隶的人们，

把我们的血肉，

筑成我们新的长城……